rowohlt
POLARIS

GRETA SILVER

Alt genug, um mich jung zu fühlen

Rowohlt Polaris

5. Auflage November 2023
Originalausgabe
Veröffentlicht im Rowohlt Taschenbuch Verlag,
Hamburg, Dezember 2019
Copyright © 2019 by Rowohlt Verlag GmbH, Hamburg
Covergestaltung HAUPTMANN & KOMPANIE Werbeagentur, Zürich
Coverabbildungen Lotta Fotografie
Satz aus der Scala Pro
bei Dörlemann Satz, Lemförde
Druck und Bindung CPI books GmbH, Leck
ISBN 978-3-499-00117-8

INHALT

Jugend ist nicht ein Lebensabschnitt
  – sie ist ein Geisteszustand.
Sie ist Schwung des Willens, Regsamkeit der Phantasie,
Stärke der Gefühle, Sieg des Mutes über die Feigheit,
Triumph der Abenteuerlust über die Trägheit.
Niemand wird alt, weil er eine Anzahl Jahre
  hinter sich gebracht hat.
Man wird nur alt, wenn man seinen Idealen Lebewohl
  sagt.
Mit den Jahren runzelt die Haut,
mit Verzicht auf Begeisterung aber runzelt die Seele.
Du bist so jung wie deine Zuversicht,
  so alt wie deine Zweifel,
so jung wie dein Selbstvertrauen,
  so alt wie deine Furcht,
so jung wie deine Hoffnungen,
  so alt wie deine Verzagtheit.
Solange die Botschaften der Schönheit, Freude,
Kühnheit, Größe dein Herz erreichen,
solange bist du jung.

     Albert Schweitzer

Für meine wunderbare,
große trubelige Familie –
ein Geschenk des Himmels

Weißt du eigentlich, wie leicht es ist,
sich jung zu fühlen?

*I*ch bin eine verdorbene YouTuberin. Im Netz duzt man sich – darf ich das hier auch? Ich bin Greta.

Wann ist man eigentlich jung, und was meinen wir damit? Ich verstehe darunter dieses «Alles ist möglich». Keine Grenzen im Kopf, sondern «Was kostet die Welt?». Das Herz auf offen schalten, ohne Vorbehalte auf alles zugehen, was das Leben bietet, begeisterungsfähig, mutig, neugierig sein. Unbeschwert sein, keine Verantwortung tragen. Jugend ist Leichtigkeit, bunt und fröhlich. Wann aber haben wir so gelebt? Mit zwanzig, als wir hin und her gerissen waren, wo die Reise hingeht, im Job, mit dem Partner? War diese Zeit nicht vor allem von Unsicherheit geprägt, was das Leben und die Liebe betrifft? Sicher, es gab auch Zeiten, in denen wir ordentlich gefeiert oder als Backpacker in Australien unsere Freiheit genossen haben. Doch dieser Rausch war kurz. Es folgte ein Bruch – wir hatten so etwas wie «Jetzt beginnt der Ernst des Lebens» im Ohr. Obwohl wir froh waren, die Schule endlich verlassen zu haben, war schnell klar: Ausbildung und Studium sind nicht die ganz große Erfüllung. Immer noch vom elterlichen Portemonnaie abhängig zu sein oder keine großen Sprünge machen zu können – wir hatten die Wahl.

In den Dreißigern waren dann Karriere und Familiengründung dran. Das Leben wurde stabiler. Wir waren stark und fühlten uns fit für die Zukunft. Die Kehrseite waren Stress und schlaflose Nächte. Kranke Kinder, die Herausforderungen des Jobs – wo blieben wir selbst zwischen alldem?

Mit vierzig oder fünfzig vermittelten Gewohnheiten vermeintliche Sicherheit. Veränderungen, so glaubten wir, lohnen sich schon nicht mehr. Von Aufbruch keine Spur.

Im Alter aber fallen plötzlich alle Verpflichtungen weg – die Kinder sind aus dem Haus, im Büro wartet niemand mehr auf uns. (Allerdings werden wir noch sehen, wie wir unser berufliches Know-how weiter einsetzen können.) Man kann das als Verlust betrachten. Ich sehe es als geschenkte Freiheit.

Ich habe früher auch nicht geahnt, was sich in diesem neuen Lebensabschnitt für spannende Möglichkeiten ergeben. Mit 17 war ich sicher, dass der Spaß im Leben mit 35 Jahren vorbei sein würde. Dann folgt alles nur noch vorgefertigten Bahnen, dachte ich. Natürlich habe ich diese mentale Grenze im Laufe meines Lebens immer weiter rausgeschoben – aber irgendwann würde das graue Ende schon kommen, davon blieb ich überzeugt. Jetzt weiß ich: Das Gegenteil ist der Fall.

Ich war offensichtlich nicht die Einzige, die mit solchen schrägen Bildern im Kopf herumlief. Doch der Reihe nach. «Du musst der Welt da draußen erzählen, wie toll es ist, alt zu sein», forderte mich eine jugendliche Freundin auf. Gesagt, getan – mit 66 Jahren begann ich einen YouTube-Kanal, wo über zwei Millionen Klicks mir sagen: Hurra, endlich ist der Grauschleier weg, der über dem Alter lag. Alt und Jung sind begeistert von dieser neuen Perspektive. Es ist ein Lauffeuer geworden, das sich Bahn bricht in meinen Büchern und Podcasts sowie in den Reden, die ich überall halte – auf Kongressen genauso wie in Unternehmen, bei Verbänden und sonst wo. In Talkshows und Zeitungsinterviews verkündete ich meine frohe Botschaft. Ein Fernsehteam aus Chile hörte davon, kam nach Hamburg und drehte einen dreißigminütigen Film über mich, der jetzt auf der Plattform der UNO steht als Beispiel dafür, wie unterschiedliche Länder mit dem Alter umgehen. Im Vorspann sind der Bundesadler und das Emblem der UNO zu sehen. Ich fasse es immer noch nicht – auch jetzt beim Schreiben bin ich ganz ehrfürchtig. Muss mich zwicken, ob ich vielleicht gerade träume.

Ja, ich möchte der Welt die Augen öffnen, damit sie sieht, was alles möglich ist im Alter. Obwohl ich den starken Verdacht hatte, dass mit 35 der Spaß im Leben vorbei ist, habe ich mit 17 Jahren entschieden, dass ich 120 werde. Ich bin unfassbar dankbar dafür, jetzt mit 71 Jahren in der Blütezeit meines Lebens zu stehen.

Es ist zunächst irgendwie niemandem so richtig klar, dass die Zeit von 60 bis 90 genauso lang ist wie die von 30 bis 60. Wenn wir die gleiche Intensität leben wollen wie mit 30 Jahren, dann sitzen wir diese Zeit nicht einfach ab. Dann verstehen wir diese neue Lebensphase als Start-up-Unternehmen und verwirklichen die Träume, die in unserem hektischen Berufsalltag zu kurz gekommen sind.

Wir bekommen so viele Geschenke im Alter, leben zumeist stressfrei und mit großer Gelassenheit. Wir machen uns nicht mehr wegen Quatschkram verrückt. Wir wissen, wie das Leben funktioniert, beruflich wie privat. Haben Krisen durchlebt, gemeistert und daraus gelernt, das macht uns stark. Nach einer Krise sind wir nicht mehr die Alten: Ja, Gott sei Dank! Wir gehen gestärkt daraus hervor. Wir müssen keinem mehr etwas beweisen, und was die Nachbarn denken, ist uns mittlerweile auch egal.

Alter ist Erntezeit. Vorher war Pflicht, jetzt folgt die Kür. Das Leben leben mit all unserem Wissen, das ist Freiheit pur. Wir haben die Wahl. Wir entscheiden selbst, was für ein Leben wir führen wollen. Auf geht's.

DER BLICK AUF DIE ALTEN

Wenn man früher sagte: Der oder die wird 65, 70 Jahre alt, dann schwang da Bedauern mit. Unausgesprochen hing da ein «Ach, der Arme» in der Luft.

Ich weiß noch, dass ich – auch wenn es mir jetzt peinlich ist – als Ende-Zwanzigjährige meine Mutter mit Ende fünfzig als alt empfunden habe. Ich habe mir keine Gedanken darüber gemacht, was sie noch für Wünsche an das Leben hatte. Klar sind Eltern alt, wenn man Kind ist. Aber irgendwann sollte man verstehen, dass sie nicht nur Eltern sind, sondern auch Frauen und Männer mit Sehnsüchten und Ideen für das eigene Leben. Ich selbst kam erschreckend spät zu dieser Erkenntnis. Wohl erst ungefähr mit Ende vierzig. Von da an war es mir aber auch wichtig, mich immer wieder an die junge Frau zu erinnern, die meine Mutter irgendwann in meinem Leben gewesen war. Es wäre für mich nicht leicht, um nicht zu sagen ein Albtraum, wenn ich wegen körperlicher Gebrechen nicht mehr alleine im Leben klarkäme und meine Kinder sich später nur noch an diese kranke und eingeschränkte Frau erinnern würden. Das macht doch nur einen Teil des alten Menschen aus. Genauso wie es bei einem körperlich behinderten Menschen auch immer nur ein Teil ist, der nicht so funktioniert, wie er vielleicht sollte. Daher ist es mir sehr wichtig, stets den ganzen Menschen zu sehen, statt mich auf seine Beschwerden zu fokussieren. Ich habe viel lernen dürfen von Menschen mit schwerer Krankheit und wenig finanziellen Mitteln – egal in welchem Alter.

Sich vor Augen zu führen, dass die Generation, die jetzt zum Teil im Altersheim lebt, genau jene Generation ist, die das Handy erfunden und an Deutschlands Wirtschaftswunder mitgewirkt hat, bringt eine neue Blickrichtung. Aber davon erzähle ich später. Eines steht jedenfalls fest: Die heutigen Alten lassen sich nicht mehr so schnell aufs Abstellgleis schieben.

Ja, es gibt eine riesige Lücke beim Blick auf die Alten. Da bin ich gerne Brückenbauer. Mein Material ist unter anderem der Respekt vor der Lebensleistung eines jeden Menschen. Es gibt viel zu tun – packen wir's an.

In meinem Buch geht es nicht allein darum, wie spannend das Alter heutzutage ist. Ich gehe auch der Frage nach, wie wir Älteren denn eigentlich ticken. Wie sind wir so jung alt geworden, und was können wir tun, damit es so bleibt?

Wir sind nach dem Krieg geboren und atmeten die frische Luft des weltweit berühmten Wirtschaftswunders ein. Das Leben wurde von Jahr zu Jahr besser, schöner, leichter. Unsere Erwartungen an die Zukunft waren hoch. «Den Kindern soll es später mal besser ergehen», wünschten sich viele unserer Eltern. Diese positive Erwartungshaltung an das Leben haben wir beibehalten und nicht mit sechzig an den Nagel gehängt. Wieso denn auch?

DIE LANGE SUCHE NACH DEM GLÜCK

Der sogenannte Weltglücksreport gibt Aufschluss darüber, wo auf der Welt die glücklichsten Menschen leben. 156 Länder wurden dafür verglichen, die Studie wurde 2019 zum siebten Mal durchgeführt. Auf Platz eins steht in diesem Jahr

Finnland, Deutschland liegt auf Platz 17. Vor uns, auf Platz zwölf, findet sich zum Beispiel Costa Rica. Da erkennen wir, dass nicht das Geld allein ausschlaggebend ist. Tatsächlich war das Bruttoinlandprodukt – neben Demokratie, Korruption und den Aussagen der Menschen selbst – nur einer der Faktoren, die in die Berechnung einbezogen wurden. Auf der Liste stehen durchaus ärmere Länder vor reichen Industriestaaten. Trotzdem halten sich hartnäckig Bilder im Kopf, die uns das Gegenteil vorgaukeln. Auch das Wetter ist nicht ausschlaggebend – da ist Finnland nicht besser dran als Deutschland.

Als ich mit Ende zwanzig in Hongkong war, begriff ich etwas Wesentliches. Auf einer Stadtrundfahrt erklärte man uns, dass ehemalige Boat People vor kurzem aus dem Hafen in ein neues Quartier umgesiedelt worden waren. Diese Menschen hatten ihr ganzes bisheriges Leben auf einem kleinen Boot im Hafen verbracht. Man beschrieb uns, wie viele Menschen nun in den neuen Häusern auf wie viel Quadratmetern lebten. Ich fand das immer noch unglaublich beengend und hatte Mitleid mit den Bewohnern. Irgendwie war ich davon überzeugt, dass man zum Glücklichsein richtig viel Platz braucht. Wie merkwürdig unsere Normvorstellungen mitunter sind, merkt man ja oft erst auf Umwegen. Ich erwartete wohl nur weinende und traurige Menschen. Das Gegenteil war der Fall. Auf den Straßen herrschte eine ausgelassene Fröhlichkeit, während die Menschen auf dem Hamburger Jungfernstieg so aussehen, als trügen sie die Last der Welt auf den Schultern. In der neuen Siedlung in Hongkong schlug mir eine quirlige Freude und Unbeschwertheit entgegen, die mich zum Grübeln brachte. Ich wusste, diese Menschen waren arm an Geld und Quadratmetern, aber reich an Glück. Oh ja, ich fuhr mit einem großen Fragenkatalog im Kopf nach Hamburg zurück:

Was brauche ich selbst eigentlich für mein Glück? Und was kann ich selber tun, um glücklich zu sein?

In jungen Jahren habe ich das Glück an der falschen Stelle gesucht. Nur kurzfristige Hochgefühle gefunden statt ein anhaltendes Glücksempfinden. Wir alle kennen das: Du könntest ausrasten vor Glück, dein Herz schlägt Purzelbäume – endlich hast du erreicht, wofür du so lange gekämpft hast. Endlich ist der heißersehnte Wunsch Wirklichkeit geworden – doch nach ein paar Tagen oder spätestens Wochen ist das Glücksgefühl wieder futsch. Es schaltet einfach alles wieder auf normal. Das ist gemein. Natürlich weißt du, dass man Glück nicht festhalten kann, aber es wäre doch zu schön, wenn es diesmal anders wäre, schließlich hast du es dir so sehr gewünscht und dafür geackert. Du warst felsenfest davon überzeugt: Wenn dieser Schritt getan sein würde, dann bliebe die spürbare Erleichterung, dann wäre da endlich dieses dauerhaft prickelnde Glücksgefühl, etwas Besonderes geschafft zu haben.

Es ist bitter, wenn du merkst, dass es wieder nicht geklappt hat, wieder ist nach ein paar Tagen oder Wochen alles wie vorher. Du fühlst dich um dein Glück betrogen. Erschwerend hinzu kommt oft: Neider machen komische Bemerkungen – du wirst gar nicht nur bewundert, wie du es dir erhofft hattest. Stattdessen Geraune, ob das denn mit rechten Dingen zugegangen sei. Ich kenne den Vorstandsvorsitzenden eines großen Konzerns, der nach seiner Beförderung tief enttäuscht war. Doch diese Geschichte erzähle ich an anderer Stelle.

Vielleicht machst du dieses Spielchen ein paar Mal mit, hechelst dem nächsten Glücksversprechen hinterher, bis du irgendwann merkst, dass du dir selbst Daumenschrauben anlegst. Dein Stress wird mehr statt weniger. Mehr Verpflichtungen, aus denen du nicht so schnell wieder rauskommst.

Sei es die Hypothek für das Haus oder die hohe Miete für die tolle Wohnung. Wie heißt es doch so schön: Auch das Hamsterrad mag von innen wie eine Karriereleiter aussehen. Hinzu kommt, dass es uns schwerfällt, einen hohen Standard wieder abzugeben. Wir fühlen uns wie Versager. Wären wir gleich in der kleineren Wohnung geblieben, hätten wir uns den Kummer erspart.

Die Wirtschaft und ihr Marketingteam verspricht uns das Blaue vom Himmel. Klappt es doch mit dem Nachbarn, wenn das Geschirrspülmittel stimmt! Wir glauben der Werbung und kaufen uns Sachen, von denen wir uns dauerhaftes Glück erhoffen. Doch leider klappt es nicht. Wir versuchen es immer wieder – bis wir merken, wir drehen uns im Kreis.

Selbst die zwanzig Jahre jüngere neue Ehefrau oder der neue Partner wird irgendwann Alltag sein. Das können wir uns zu Beginn einfach nicht vorstellen. Wir blenden diese Möglichkeit aus, bis unsere Hoffnung zerdampft wie ein Wassertropfen auf der heißen Herdplatte.

Für all diese Gemeinheiten – dass unser Glück nicht dauerhaft ist – gibt es einen simplen Grund. Die Forschung nennt diesen Umstand die hedonistische Tretmühle. Der Mensch ist so angelegt, dass er nach einem stark positiven oder negativen Lebensereignis relativ schnell zu einem stabilen Level von Glück und Lebensfreude zurückfindet. Wir haben eine Basisfröhlichkeit in uns, auf die wir uns immer wieder einpendeln.

Das Shoppingglück ist oftmals schon an der Haustür verflogen, und der Lottogewinn in Millionenhöhe trägt nur ein paar Wochen oder Monate zu einem etwas höheren Glücksgefühl bei – das ist längst erwiesen.

Gott sei Dank verhält es sich bei traurigen Gefühlen genauso. Irgendwann kommt man auch nach der Trauer wieder zur Grundlinie von Fröhlichkeit zurück. Wie lange das dauert, variiert. Der Verlust von Gegenständen ist schneller verflogen als der von Menschen: Über ein kaputtes Auto ist man schneller hinweg als über den Kontaktabbruch einer Freundin, die Trennung vom Partner oder den Tod eines Angehörigen.

Für mich war das eine bahnbrechende Erkenntnis: Ich kann mich abrackern ohne Ende und werde trotzdem nicht dauerhaft glücklich sein. Das musste ich erst einmal realisieren. Irgendwie ahnen wir es schon, dass äußere Dinge nicht langfristig zufriedenstellen, und trotzdem haben wir ein Bild im Kopf von dem, was uns zum Glück noch fehlt. So steigen wir freiwillig ins Hamsterrad – oder in die Tretmühle – und bereiten uns selbst unglaublichen Stress, nur um immer wieder aufs Neue frustriert zu sein. Dazu hatte ich irgendwann keine Lust mehr. Ich wollte herausfinden, wie ich meine Grundfröhlichkeit dauerhaft anheben kann.

Und ich wurde fündig, sonst gäbe es dieses Buch nicht. Es gibt zwei Ansätze. Erstens sollte man sich fragen: Was zieht mein persönliches Glückslevel runter, was verdirbt mir die Stimmung und spuckt mir in die Suppe, und wie kann ich das ändern? Zweitens: Was hebt die Grundlinie an, was verleiht mir dauerhaft Flügel, und wie schaffe ich es, diese Dinge in meinen Alltag einzubauen?

Unglücklich machen uns Verletzungen, alte wie neue, außerdem Gefühle wie Hass, Neid, Angst, Wut und viele mehr. Wie du diese negativen Gefühle loswerden und neue verhindern kannst, davon ist hier im Buch die Rede. Außerdem natürlich von den vielen wunderbaren Möglichkeiten, mit denen du dein Glück dauerhaft anheben kannst. Dieses Buch ist dein kleiner Werkzeugkoffer dafür. Viel Freude auf deiner Reise!

ALLTAG

Weißt du eigentlich, wie dringend nötig es ist,
den Alltag mit Konfetti zu bestreuen?

Worauf warten wir eigentlich? Als Kinder warteten wir
darauf, endlich in die Schule gehen zu dürfen, dann
darauf, dass die Schulzeit endlich vorbei und Ausbildung
oder Studium beginnt. Dann begriffen wir, dass wir noch
immer von unseren Eltern abhängig waren, und fieberten
fortan dem ersten Job entgegen, der uns endlich auf eigenen Beinen stehen lassen sollte. Doch mit dem Berufsleben
gehen Druck und Stress einher, und so freuen wir uns am
Montag schon aufs Wochenende. Wenn man den sozialen
Medien Glauben schenken darf, dann betrachten viele die
Zeit zwischen Montag und Freitag lediglich als notwendiges
Übel, das es zu überstehen gilt. Und das Wochenende wird
nur noch getoppt vom Urlaub, der uns die ganz große Freiheit verspricht.

Gehen wir davon aus, dass nur Urlaube und Wochen-
enden fröhlich gelebte Lebenszeit sind, ergibt sich folgende
Rechnung: Bei dreißig Tagen Urlaub im Jahr sind wir hun-
dertvierunddreißig Tage glücklich. Das wiederum würde
bedeuten, dass wir von unseren neunzig Lebensjahren nur

dreiunddreißig als vergnügtes Leben betrachten. Sicherlich müsste man die Rechnung durch Kindheit und Alter etwas korrigieren – die Tendenz bleibt jedoch die gleiche.

Der Alltag hat einen schlechten Ruf. Immer durchkreuzt er unsere schönen Pläne! Er scheint eine Aneinanderreihung von Dingen zu sein, die wir erledigen müssen, so ohne jedes Vergnügen. Wir wollen den Alltagstrott hinter uns lassen. Er ist wie eine schleichende Krankheit, die schließlich dazu führen kann, dass sich das Leben nicht mehr lebendig anfühlt. Nach und nach geben wir uns mit weniger Lebensintensität zufrieden und haken Alltag ab als etwas Lästiges, das vorübergehen muss. Ich habe mich in jungen Jahren dabei erwischt, wie ich meinen Alltag hinter mich bringen wollte, um endlich Zeit für mich zu haben. Das fing schon morgens an: Betten machen, das Badezimmer putzen, einkaufen gehen, kochen, Kinder abholen und was es noch alles zu tun gibt in einem trubeligen Haushalt. Bei drei Kindern, Mann und Hund blieb da nicht viel Zeit «für mich». Vielleicht fünfzehn Minuten oder auch mal eine Stunde. Mehr nicht. Irgendwann wurde mir bewusst, dass da etwas falschlief. Ich hake hier einfach meine Lebenszeit ab – das darf nicht sein.

Es fiel mir nicht leicht, das zu ändern. Wie sollte ich dem Bettenmachen einen tieferen Sinn geben? Ich dachte daran, dass es Menschen gibt, die mich darum beneiden würden, weil sie es temporär oder dauerhaft nicht können. Das half, ich erledigte meine Aufgaben leichter und bewusster. Doch ich will nicht erst dann etwas zu schätzen wissen, wenn ich es nicht mehr oder nur noch mit Mühe machen kann. Oder mir das zumindest vorstelle.

Inzwischen hat der Begriff der Quality Time Karriere gemacht. Hm, was ist denn dann die andere Zeit? Ist das die Abfallzeit, die wir notgedrungen hinter uns bringen müssen? Wenn wir verstehen, dass alles unsere Lebenszeit ist, dann gehen wir mit jedem einzelnen Tag anders um. An sich ist Quality Time ein wunderbarer Ansatz, um auf die wirklich wichtigen Situationen im Leben zu achten und ihnen mehr Raum zu geben. Doch letztlich sollte das Ziel sein, auch unserer anderen Lebenszeit den Stellenwert zu geben, die ihr zusteht.

Was ist Lebensqualität? Für mich ist es Lebenshunger und Lebensintensität – mit allen Sinnen und mit Haut und Haaren das Leben wahrzunehmen. Lass uns den Satz «Lebe jeden Tag, als wäre er dein letzter» einmal auf den Kopf stellen: Nutze ihn, als wenn es dein erster wäre! Man stelle sich vor, wir würden ohne unsere Vorbehalte leben, ohne unsere Vergangenheit, ohne unsere Verletzungen. Wir gingen unbeschwert in den Tag hinein, als wären wir Kinder. Die Vorstellung vom letzten Tag erzeugt Druck – man möchte eine Prioritätenliste anlegen, um auf keinen Fall etwas Wichtiges zu versäumen. Die Vorstellung vom ersten Tag aber lässt uns Leichtigkeit und Neugier aufs Leben verspüren.

Der Alltag jedoch scheint uns da einen Strich durch die Rechnung zu ziehen. Es trifft uns ja in jedem Alter: Wir leben in Zwängen, wollen raus aus den eingefahrenen Bahnen, doch wissen nicht, wie. Zu unterschiedlichen Zeiten gibt es dafür unterschiedliche Gründe. Häufig liegt es jedoch daran, dass wir meinen, wir hätten nicht genug Zeit.

AUCH DER ALLTAG
HAT VIERUNDZWANZIG STUNDEN

Zeit ist eine feste Größe – vierundzwanzig Stunden bleiben vierundzwanzig Stunden –, wir rennen nur meist zu schnell hindurch oder trödeln übermäßig herum. Das passiert hauptsächlich, wenn wir mit unseren Gedanken in der Zukunft oder in der Vergangenheit sind. Sehnen wir die Zukunft herbei wie Kinder die Bescherung an Heiligabend, vergeht die Zeit ganz langsam. Wir dehnen unser Zeitgefühl. Und wenn wir uns wünschen, die Zeit möge stillstehen, dann rast sie nur so vorbei. Immer wieder das neue Jetzt anzunehmen, die Gegenwart zu schätzen wissen lässt die Zeit hingegen gleichmäßig laufen.

Ich musste schmunzeln, als ich las, dass wahrscheinlich ein Mönch die mechanische Uhr erfunden hat, um zu wissen, wann es Zeit für das Gebet ist. Er brauchte die Uhr, um innezuhalten. Heute ist es genau andersherum: Das Messen der Zeit bringt Stress. Wir sollten uns nicht mehr so hetzen lassen von der Zeit.

Es gibt Völker, in denen die Zeit noch immer vom Tag- und Nachtrhythmus, vom Wechsel von Hell und Dunkel bestimmt wird. Oft leben sie in Gegenden, die ich oft nur aus Büchern und der Presse kenne, wie Teile der Mongolei, entlegene Bergregionen in Nepal. Aber ich lernte auch mal eine junge Frau kennen, die ein Jahr auf einer entlegenen Ziegenfarm hoch oben in den Alpen verbrachte. Selbst da wurde der Lebensrhythmus durch die Sonne und das Wetter vorgegeben.

Diese Menschen sagen dann gern mal zu uns: Ihr habt die Uhren, wir haben die Zeit. Wir sehen uns so schnell auf der Gewinnerseite – aber sind wir das wirklich? Unser Tagesablauf, von der Stechuhr getaktet, lässt unseren natürlichen Biorhythmus meist außer Acht. Auch der Unterschied zwischen Stadt und Land scheint eine Rolle zu spielen. Meine Schwester lebt auf dem Land, da «ticken die Uhren anders» – so fühlt es sich für mich an. Dort hat man immer Zeit für einen Plausch über den Gartenzaun oder beim Händler. Dagegen kommt mir das laute Hamburg viel gehetzter vor. Wir haben es sicherlich geschafft, einen Filter über all diese Ablenkungen zu legen, um sie weitestgehend auszublenden. Aber unser Unterbewusstsein registriert sie doch. Das spüren wir im Urlaub, wo wir deutlich weniger Ablenkungen zu verarbeiten haben. Dann schlafen wir entspannter. Im Alter weiß ich Ruhe deutlich mehr zu schätzen als früher. Da gehörten Lautstärke und Trubel irgendwie dazu. Jetzt liebe ich den Unterschied. Mag und schätze beides, Trubel und Ruhe – nur weil ich beides habe, kann ich die Extreme leben. Jetzt liebe ich den Unterschied. Dank des Trubels weiß ich die Ruhe zu schätzen. Und die Ruhe gibt mir die Kraft, auch den Trubel genießen zu können. Ich stelle es mir wie eine Balancierstange vor, mit der ich über ein gespanntes Seil gehe – mein Leben. Nur wenn ich das Gewicht an beiden Enden erhöhe, bleibe ich in Balance. Ja, ich kann immer mutiger neue Bereiche ausprobieren, wenn ich auch auf den Ausgleich achte.

Bei all diesen Dingen, die im Alltag nach unserer Aufmerksamkeit heischen, fällt mir *Momo* ein, das wundervolle Buch von Michael Ende. Dort rauchen die grauen Männer die Zeit der anderen auf. Momo jedoch entlarvt sie alle: Sie wollen uns glauben machen, dass all das Schöne im Leben, das, was der Seele guttut, vergeudete Zeit ist – damit sie uns diese Zeit stehlen können. Kennst du sie auch, die grauen Männer? Wo überall sie sich einmischen! Sie bieten uns alles

Mögliche an, das wir kaufen sollten, damit wir Zeit sparen, lassen uns gar dem Glauben anfallen, dass wir Zeit sparen können *für später*. Aber mal ehrlich: Wie soll das denn gehen? Wir können doch immer nur im Jetzt leben, mit unseren 24 Stunden, die uns der Tag bringt.

Wir sollten uns vor diesen grauen Männern hüten, die uns weismachen wollen, wir verlören unsere Zeit. Wenn ich innehalte, könnte ich glauben, ich hörte diese Stimmen sogar heute noch ... Früher bin ich auf sie hereingefallen. Was habe ich mich aufgeregt, wenn jemand meinen Terminkalender durcheinanderbrachte! Wartezeit beim Arzt, auf Dinge, die nicht fertig waren, auf Handwerker, die nicht pünktlich kamen. Wie können wir diese Wartelebenszeit sinnvoller nutzen? Da ist unsere Kreativität gefragt. Ich selbst schreibe Gedichte, lese ein Buch, höre Podcasts oder genieße einfach die Zeit für mich. Es ist meine Entscheidung, wie ich mit Verzögerungen umgehe: Ich sehe sie inzwischen als Zeit, die ich geschenkt bekomme, um mich mit Dingen zu befassen, die mir Freude bereiten.

Wir verlieren also keine Zeit, wir nutzen sie nur anders. Vierundzwanzig Stunden bleiben vierundzwanzig Stunden. «Ich habe keine Zeit» ist ein falscher Glaubenssatz. Als ich das irgendwo las, brauchte ich eine Weile, bis ich es begriff und akzeptieren konnte, denn ich war mir sicher: Zeit habe ich tatsächlich viel zu wenig. Alles in mir wehrte sich gegen die Einsicht, dass ich mich geirrt haben könnte. Doch nach diesem Gedankenkampf musste ich erkennen, ein Tag ist ein Tag, und dabei bleibt es. Zu verstehen, dass wir hier selbst unsere Bewertung liefern, dass der wichtige Hebel in unserer Hand liegt, das macht den Unterschied. Der Begriff «Zeitnot» wird falsch interpretiert. Wir kennen Hungersnot – dann gibt es weit und breit für betroffene Menschen keine Lebensmittel. Bei Wohnungsnot mangelt es an Wohn-raum. Doch bei der Zeitnot hat sich meist etwas in unserem Terminkalender verschoben, oder wir haben zu viel reinge-packt – so oder so haben wir dabei das Gefühl, wir müssten gerade die Zeit anders nutzen, als wir es wollen. Bei einer Hungersnot stehen die Lebensmittel nicht etwa ungeplant zu einer anderen Uhrzeit parat – nein, es *gibt* sie gar nicht in ausreichendem Maße, es herrscht ein klar messbarer *Mangel*. Das ist der Unterschied. Unsere Zeit wird nicht einfach weni-ger. Wir haben weiterhin unsere 24 Stunden. Zeitnot gibt es also gar nicht. Es dauerte etwas bei mir, bis ich das überhaupt so denken konnte. Denn das Gefühl, zu wenig Zeit zu haben, weil ich so viel mehr Dinge tue, an deren Stelle ich lieber an-deres täte, kenne ich sehr gut. Ich war erschreckend stark auf dieses innere Stress-Mantra «Keine Zeit!» programmiert. In schwierigen Situationen fang ich heute an mir zu sagen: Ich habe Zeit, ich habe Zeit, ich habe Zeit. Unglaublich, es fühlte sich wirklich anders an.

Aber womit füllen wir denn eigentlich unsere Lebenszeit? Unsere Sprache hält tatsächlich die Wendung bereit, man müsse «Zeit totschlagen». Das ist doch unfassbar. Wenn ich etwas oder jemanden totschlage, dann nehme ich ihm das Leben. Das heißt, wir würden uns unserer eigenen Leben-digkeit berauben. Nein, das darf nicht sein. Leider passiert es aber doch zu oft – bekämen wir am Ende unseres Lebens eine Bilanz vorgelegt, wie wir unsere Zeit genutzt haben, schlü-gen wir uns wahrscheinlich an die Stirn. Wie oft hängen wir zum Beispiel vorm Fernseher ab und lassen uns berieseln? Hin und wieder mag das Freude machen, aber meistens sind doch die wirklichen Dinge viel spannender als die, die andere uns vorspielen. Ich lebe zu gern selbst, als dass ich mir an-schaue, wie andere leben.

All dies zu hinterfragen gelingt sicherlich vielen bei einer Meditation – aber es kann auch beim Spaziergang oder bei der Fahrradtour sein, beim Stricken oder in der Sonne liegen. Dabei können wir abtauchen zu einer inneren Insel, zu unserem Kern, der unkaputtbar ist, egal, wie wir behandelt wurden. Als wir auf die Welt kamen, wurde uns eine Würde mitgegeben, die schon laut Grundgesetz unantastbar und schützenswert ist. Wann nehmen wir uns die Zeit, dieses Ich in uns mal zu Wort kommen zu lassen?

Sich selbst Zeit zu schenken sind wir nicht gewohnt. Wir halten es für egoistisch. Dabei sind wir selbst in unserem Leben die wichtigste Person. Erst wenn es uns gutgeht, können wir die Welt aus den Angeln heben.

BRINGT DEN ALLTAG UND EUER GESICHT ZUM LEUCHTEN

Doch wie verleihen wir unserem Alltag den Wert, den er verdient? Wir könnten zum Beispiel jeden Tag etwas Zeit einplanen, um Dinge zu tun, die uns am Herzen liegen. Egal, wofür wir uns entscheiden – den Segelschein machen, eine Sprache lernen, kochen, sportlicher werden, Beziehungen pflegen, sich für den Tierschutz engagieren – wir sollten uns täglich eine halbe Stunde dafür nehmen. Wir können monatliche Pläne machen, welches Thema gerade dran ist. Wenn ich den Segelschein in der Tasche habe, kommt das nächste Projekt.

Das gibt dem Tag ein ganz anderes Gesicht und mir ein ganz anderes Lebensgefühl. Der Knackpunkt ist, ich muss es ernst meinen, mir diese Zeit im Kalender eintragen. Wenn mein Leben mir selbst nicht wichtig ist – wem denn dann?

Es liegt an uns, uns selber wichtig zu nehmen. Zu verstehen, dass es um unser Leben geht und kein anderer vorbeikommt und es für uns regelt.

Wir sollten uns daher morgens die ernsthafte Frage stellen: Was würde diesen Tag zu etwas ganz Besonderem machen? Was kann ich selbst dafür tun? Wenn wir aufstehen mit dem grummeligen Gedanken: Leider muss ich jetzt wieder einkaufen gehen oder in das unangenehme Büro fahren mit der schrecklichen Kollegin, dann wird das nichts. Denn genau in diesem Moment stellen wir bereits die Weichen für den Tag. Wir werden es tatsächlich genau so empfinden, wie wir es uns morgens vorstellen.

Dazu gibt es Versuche des amerikanischen Neurowissenschaftlers Joe Dispenza: Eine Gruppe von Studenten übte fünf Tage lang täglich zwei Stunden mit einer Hand eine bestimmte Melodie auf dem Klavier. Eine zweite Gruppe lernte diese Melodie auswendig und verwendete die gleiche Zeit dazu, die Melodie nur mental, also in Gedanken, nachzuspielen. Eine weitere Gruppe spielte eine beliebige Klangfolge auf dem Klavier. Diese letzte Gruppe zeigte nach Ablauf der fünf Tage überhaupt keine Veränderungen im Gehirn, während jene, die sich bei den Studenten der ersten beiden Gruppen beobachten ließen, identisch waren. Die Probanden, die diese Klavierübung nur in Gedanken erledigten, hatten im Gehirn die gleichen Verknüpfungen erzeugt wie jene, die tatsächlich am Klavier saßen – und das nach nur fünf Tagen.

Unser Gehirn unterscheidet nicht, ob das Erlebnis real ist oder nur vorgestellt wird. Es werden in beiden Fällen die gleichen Emotionen ausgelöst und gespeichert. Das kennen wir auch aus unserem Alltag – wenn wir morgens zur Arbeit fahren und an die Besprechung denken, die da auf uns wartet, dann fühlen wir schon, wie sich das nachher vermutlich anfühlen wird. Wir denken über dieses Gefühl gar nicht mehr nach. Es ist uns vertraut. Alles, was wir schon mal erlebt haben, ist mit einer Emotion verbunden.

Wir können mit unseren Gedanken unser Leben völlig auf den Kopf stellen. Also legen wir hier den Hebel um. Stellen uns vor, dass der Einkauf diesmal so angenehm wird, wie wenn ich in südlichen Ländern über die Märkte schlendere. Vielleicht begegnen mir spannende Menschen, oder ich darf ein spannender Mensch für jemand anders sein. Ich las einen wunderbaren Spruch von einem sehr erfolgreichen Menschen ohne Arme und Beine, Nick Vujicic: Wenn keine Wunder passieren, dann sei selber eins.

Es hilft zu erkennen, dass wir selbst so viel zu geben haben. Bevor ich mit meinem YouTube-Kanal begann, ahnte ich nicht, dass ich der Welt etwas zu geben habe. Ich fand, ich hatte ein paar coole Gedanken, mehr aber nicht. Ich fasse es auch immer noch nicht, dass ich so inspirieren kann. Ich bin eine ganz normale Frau, die im Leben durch einige Täler gegangen ist. Und daraus gelernt hat – wie wir alle.

Falls du also gerade glaubst, du hättest nun wirklich nichts zu bieten, so wische den Gedanken bitte gleich wieder weg. Stell dir vielmehr vor, wie wunderbar es sich anfühlen würde, wenn da irgendetwas ans Tageslicht käme. Dieser Gedanke gibt dir den Schlüssel zu deiner inneren Schatzkiste in die Hand. Schon der römische Kaiser Mark Aurel verkündete: «Tief in dir ist eine Quelle, die nie versiegt, wenn du nur zu graben verstehst.»

Wenn du dir vorstellst, da gäbe es etwas in dir, was nur noch nicht entdeckt worden ist, wie würdest du dich dann fühlen? Wenn du dir dazu schon gleich den Zeitungsbericht ausmalst, in dem diese Sensation verkündet würde, so macht auch das etwas mit dir. Dem Raum zu geben, ohne dass der kleine Kritiker auf deiner Schulter gleich den Kopf schüttelt und es als albernen Quatsch bezeichnet. Ich bin jetzt etwas hartnäckig, weil ich in dir die Sehnsucht wecken möchte, noch mal ganz neu durchzustarten. Dabei steht mir auch Henry Stanley Haskins, ein US-amerikanischer Börsenmakler zur Seite, der schrieb: «Was vor uns liegt und was hinter uns liegt, ist nichts im Vergleich zu dem, was in uns liegt. Und wenn wir das, was in uns liegt, in die Welt tragen, geschehen Wunder.»

Es spielt keine Rolle, ob du als die superbegabte Hundeflüsterin in die Welt gehst oder endlich deine raffinierte Art, Schuhe zu putzen, ans Licht bringst. Ich bin ja nun viel im Internet unterwegs. Tipps, wie man ganz schnell und ohne großen Aufwand eine Melone teilen kann oder die Kerne aus dem Granatapfel entfernt, werden millionenfach angeklickt. Ich lernte einen Maurer kennen, der sich bei seiner täglichen Arbeit filmt und diese Videos später ins Internet stellt. Damit hilft er vielen Menschen weiter, die auf dem Gebiet weniger bewandert sind. Ja, das Internet ist eine tolle Brücke, und für einen solchen Austausch gibt es Plattformen, die man gratis nutzen kann.

Bei alldem ist es ganz egal, in welchem Lebensabschnitt du gerade steckst. Es geht immer. Wenn wir jedoch schon im Rentenalter angekommen sind, dann fällt es leichter, dann haben wir mehr Kapazitäten, um darüber nachzudenken, wie wir mit solchen Dingen nicht nur unseren Alltag spannender, sondern auch den anderer einfacher gestalten können. In jungen Jahren ist der Kopf so voll mit den täglichen To-dos.

Junge Eltern können ihre Kinder nicht wie Bücher ins Regal stellen, wenn sie selbst mal eine Pause brauchen. Warum auch immer, kleine Kinder haben nicht das Bedürfnis, zu chillen und eine Weile abzuhängen. Sie sind immer in Aktion, erobern das Leben und bringen ihre Eltern damit an den Rand der Erschöpfung. Doch die haben trotz all der überquellenden Liebe zu den Kindern manchmal Sehnsucht nach einem eigenen Leben. Sich hin und wieder gegenseitig einen Vormittag Freiraum zu schenken, tut allen gut. Am Samstagvormittag übernimmt einer die Kinder, und der andere hat «Ausgang». Wenn man diese kleine Flucht dem anderen wirklich gönnen kann, profitieren alle davon. Zu wissen, dass es Inseln zur Erholung gibt, macht den Stress erträglicher.

Für mich war es wichtig, auch der geistigen Lebendigkeit Raum zu geben, um den Alltag in neuem Glanz erscheinen zu lassen. Vor allem, als meine Kinder noch klein waren. Ich wollte mich nicht nur über Windeln und Babybrei unterhalten, ich wollte meinen Geist beschäftigen. Ich gewöhnte mir an, auch an den trubeligsten Tagen wenigstens eine Seite zu lesen. Abends im Bett – heute meine bevorzugte Lesezeit – schlief ich allerdings sofort vor Übermüdung ein. Also habe ich mir auch für das Lesen Inseln geschaffen. Sobald sich in meinem Tagesplan eine Lücke auftat, habe ich sie zum Auftanken genutzt. Manchmal dachte ich, ich sollte die Ruhe besser zum Aufräumen nutzen, aber das ging zur Not auch mit Kindern. Auftanken, meine eigene Batterie aufladen, das funktionierte nur, wenn die Kinder nicht meine volle Aufmerksamkeit brauchten.

Auch später, im hektischen Berufsleben, habe ich nach dem Inselsystem gelebt. Die Mittagspause nutzte ich, um in der nahe gelegenen Bücherei abzutauchen. Am Vortag hatte ich mir die Seitenzahl gemerkt und war, sobald ich das Buch wieder aufschlug, schlagartig in anderen Welten. Bekam neue Gedankenanstöße, sah die Welt aus einer anderen Sicht.

Ohne zu wissen, was uns selbst guttut, und ohne die Verantwortung zu übernehmen, werden wir den Grauschleier des Alltags nicht heben können.

WIE KANN DER NEUSTART GELINGEN?

Wenn ich müde und erschöpft bin, kann auch ich keine kühnen Ideen in die Tat umsetzen, ja, da fällt mir nicht mal etwas ein. Auch darauf zu achten, dass man sich fit fühlt, ist also eine Voraussetzung für ein Leben außerhalb der eingefahrenen Bahnen.

Fitness bekomme ich hauptsächlich über die Ernährung. Wenn ich – was durchaus vorkommen kann – einen genussvollen Abend mit Chips und Schokolade verbringe, dann muss ich mich am nächsten Morgen nicht wundern, dass ich deutlich schwerer in den Tag starten kann. Wenn ich zu viel Zucker und Weißmehl esse, bin ich so müde, dass ich nur in der Sofaecke hänge und nach den nächsten Chips schiele. Ein übler Kreislauf.

Wie können wir mit kleinen Schritten anfangen – fühlen, dass uns gesunde Ernährung wirklich hilft? Wir könnten eine Abendmahlzeit in der Woche auf gesund umstellen: keine Kohlehydrate, stattdessen Gemüse und Fisch oder mageres Fleisch oder auch nur ein Gemüsegratin. Später kann daraus ein ganzer gesunder Tag werden. Diesen sollte man zu Wochenbeginn festlegen, sonst ist man versucht, ihn immer vor sich herzuschieben, und schwups ist die Woche um. Dabei sollte man nicht vergessen, dass auch ausreichendes Trinken Bestandteil einer gesunden Ernährung ist. Versuche daher mal, an einem Tag tatsächlich 1,5 Liter zu dir zu nehmen, davon ein Liter reines Wasser ohne Kohlensäure. Das

Ergebnis sieht man schon am nächsten Tag im Gesicht, alles ist praller.

Neben der Ernährung ist auch Bewegung wichtig für unsere Fitness – nennen wir es mal gar nicht Sport, um nicht abzuschrecken. Bewegung lässt sich in unserem Alltag immer unterbringen: Ein kleiner Spaziergang, zu Fuß zum Einkaufen zu gehen, mit dem Fahrrad zur Arbeit zu fahren, die Treppen statt den Fahrstuhl zu nehmen, all das sind kleine Anfänge, mit denen man den inneren Schweinehund überlisten kann. Stell dir selbst Herausforderungen und lobe dich, wenn du es geschafft hast. Kleine Erfolgserlebnisse bringen Schwung für weitere, etwas größere Taten.

Um bei meinen sportlichen Vorsätzen am Ball zu bleiben, habe ich mir vorgestellt, wie gut ich mich dadurch fühlen würde. Ich hatte leider nie diese Sehnsucht in mir, unbedingt Sport treiben zu müssen. Meine Schwester hingegen freute sich schon am Vortag auf ein bevorstehendes Tennismatch oder die morgendliche Joggingrunde. So etwas kenne ich leider nicht. Auch derzeit muss ich mich jede Woche aufs Neue überwinden, zu meinem Zumba-Kurs zu gehen. Wenn ich da bin, macht es aber immer Spaß.

Bei meinen Kindern kenne ich auch beide Versionen. Zwei integrieren ihren Lieblingssport ganz wunderbar in den Alltag, und einer bekommt es zeitlich gerade gar nicht hin. Diese Wellen gehören zum Leben dazu, mal ist es einfacher, mal schwerer, Sport im Alltag unterzubringen. Sich bewusst zu machen, dass man für Bewegungslosigkeit jedoch selbst den Preis zu zahlen hat, ist sehr hilfreich.

Jeder braucht etwas anderes, um sich lebendig zu fühlen. Das mag der Spaziergang in der Natur sein – ob am Strand oder in den Bergen –, die Malerei, die Begegnung mit fremden Menschen, der Austausch mit Gleichgesinnten, das Tanzen in der Disco. Manch einer gärtnert oder strickt, um seine Gedanken zum Laufen zu bringen. Meine Freundin empfindet Bügeln als Meditation – für mich kaum vorstellbar, aber das spielt auch keine Rolle. Wenn du dir unsicher bist, was dich in den sogenannten Flow versetzt, könntest du überlegen, was dir früher Freude bereitete – die Gitarre vom Dachboden zu holen und ein paar Töne auszuprobieren mag der erste Schritt zu einer neu gelebten Leidenschaft sein.

Lebensintensität entsteht, wenn ich hier und jetzt lebe. Eigentlich war mir das immer klar, trotzdem gestaltete sich die Umsetzung manchmal schwierig. Meine Gedanken hingen in der Vergangenheit fest, oder – was noch häufiger geschah – sie rannten der Zukunft in die Arme. Sich da immer wieder einzufangen ist zuweilen nicht leicht, aber lohnenswert.

Dass ich für diese Lebensintensität nicht zwingend Aktivitäten brauche, wird schnell an einem Beispiel klar: Auch in einer Hängematte unter Palmen mit einem Drink in der Hand kann ich das Leben mit Haut und Haaren genießen. Hier ist jede Aktivität Spielverderber, das Handy verdirbt diese Kostbarkeit. Am Strand sitzen und nur zuschauen, wie die Sonne im Meer versinkt.

Das bewusste Hören von Musik ruft ein ähnliches Gefühl bei mir hervor. Egal ob Klassik oder Rock, Musik bringt etwas in mir zum Klingen, versetzt mich in Schwingungen wie Glocken einen alten Turm. Ein Cello etwa kann mich zum Weinen bringen. Manchmal höre ich so laut Musik, dass die Bässe dröhnen und jede Körperzelle vibriert; manchmal hat Stille die schönsten Töne.

Wir brauchen nicht den ganz großen Knall, um uns lebendiger zu fühlen. Wir brauchen nicht den neuen Partner, den neuen Job oder den Umzug in eine spannende Stadt – nein, wir brauchen uns. Schlafwandelt manchmal nur unser Körper durch den Tag, und Herz und Seele sind uns verlorengegangen? Wir sollten all diese «Teile» wieder zusammenbringen und uns fragen: Bin ich es mir wert, ein lebendiges Leben zu führen? Übernehme ich die Verantwortung und mache den ersten Schritt?

Im Augenblick verleiht mir das Schreiben dieses Buches ein unglaublich intensives Lebensgefühl. Oh, ich liebe es – fühle mich königlich dabei. Beim Sortieren meiner Unterlagen noch ein paar Lieblingssongs – heute waren es Ed Sheeran und James Blunt, die für die richtige Stimmung sorgten. Ein großer Pott Tee, und schon geht's los.

NICHT NUR DIE ZEIT MANAGEN, SONDERN AUCH UNSERE ENERGIE

Wir haben gelernt, unsere Zeit einzuteilen. Dafür sollten wir uns so gut kennen, dass wir wissen, wann wir richtig leistungsfähig sind. Da gibt es den Morgenmenschen genauso wie die Nachteule, die abends erst so richtig auf Touren kommt. Ich zum Beispiel habe meine kreativste Zeit am Vormittag. Da geht mir alles leicht von der Hand. Wenn ich das am späten Abend erledigen wollte, müsste ich deutlich mehr Energie aufwenden. Ich wende mich also morgens den Aufgaben zu, die meine ganze Kreativität erfordern. Davor oder danach arbeite ich das ab, was ich mit Routine erledige. So kann ich meine Zeit viel besser nutzen und genießen.

ENTSCHEIDUNGEN FÄLLEN

Wir haben in unserem Leben so viele Entscheidungen zu fällen. Auch der Neustart im Alter stellt uns vielleicht wieder vor die Qual der Wahl. Bei großen Entscheidungen können wir uns eine Liste anlegen und alles festhalten, was dafür und was dagegen spricht. Wir können aber auch ganz anders vorgehen, und zwar indem wir zu ermessen versuchen, wie uns der eingeschlagene Weg verändern wird. Als Beispiel die Wahl, ob ich doch noch das kleine Café aufmache, von dem ich schon immer geträumt habe, oder ob ich ehrenamtlich anderen Menschen helfen will: Hier hilft es sich vorzustellen, wie mich die jeweilige Tätigkeit verändern würde. Was für ein Mensch wäre ich als Cafébetreiberin? Wäre ich stolz, so vielen Menschen kleine besondere Pausen im Leben geschenkt zu haben? Oder würde es mich erschöpfen, mich jeden Tag neu auf fremde Menschen einzustellen? Anschließend frage ich mich, was die Alternative mit mir machen würde: Wie ginge es mir nach einem langen Arbeitstag, wenn ich anderen Menschen dabei geholfen hätte, ihre Probleme zu lösen?

Der Vorteil davon, im Alter noch einmal durchzustarten, ist ja, dass wir unbekümmert etwas ausprobieren können, ohne dass es als Versagen angesehen wird, wenn wir damit wieder aufhören. Damit meine ich nicht nur die großen Entscheidungen unseres Lebens, sondern die vielen kleinen im Alltag. Auch hier sind wir nicht gezwungen, in alten und nicht mehr zu uns passenden Bahnen weiterzulaufen. Hier verändern die vielen kleinen Neustarts so viel. «Das hab ich immer so gemacht» ist auf den ersten Blick arbeits- oder ablauferleichternd. Aber auch so schrecklich eintönig. Ich habe mich früher dabei ertappt, dass ich innerhalb meiner gewohnten Rezepte zwar variierte, aber doch nichts Neues ausprobierte. Heute stehe ich vor dem Gemüsestand und überlege, was ich noch nicht kenne – und probiere einfach aus. Genauso am Käsestand – da lass ich mir einen fremden Käse empfehlen, kann ihn oft auch mal probieren – und gehe auf jeden Fall einmal im Monat mit einer neuen Sorte nach Hause. Aber auch gewohnte Wege zum Kaufman mal andersrum zu gehen, das Essen auch mal wieder als Picknick zu gestalten. Ich durfte gerade meine Nichte, eine begeisterte Reiterin, mit der Idee überraschen: Nimm dein Frühstück mit, reite aus, setze dich unter einen Baum und lass dein Pferd grasen und frühstücke da. Sie hat gejubelt über diese Idee. Das kann man genauso mit dem Fahrrad machen. Diese vielen Kleinigkeiten machen unser Leben bunt.

 *Tipps für einen farbigeren Alltag*

*Frag dich am Morgen, was diesen Tag besonders
machen würde. Auch wenn diese Vision noch gar
nicht nach Realität aussieht, freue dich darauf —
das allein verändert bereits dein Denken
und deine Stimmung.*

*Habe ganz viel Spaß dabei, selbst das Wunder
in deinem Leben zu sein, das du dir vielleicht
schon lange von anderen wünschst.*

*Überlege, welches Wunder du im Leben anderer
sein kannst, und male dir aus, wie es dich selbst
verändern wird.*

*Trage dir für jeden Tag etwas in deinen Kalender
ein, was dich glücklich macht.*

STRESS

Weißt du eigentlich,
wie leicht du Stress über Bord werfen kannst?

Bei Alltag denken wir nicht nur an Monotonie und Langeweile, sondern auch an Stress. Das Wort Alltagsstress steht in manch einem Wörterbuch. Doch wieso stressen wir uns so? Welchen Ansprüchen wollen wir eigentlich genügen? Sicherlich zunächst den eigenen Ideen, wie das Leben funktioniert, wie wir glücklich werden können. Zugleich möchten wir die Ansprüche unseres Partners und unserer Kinder berücksichtigen. Vielleicht müssen wir auch noch unseren Eltern beweisen, dass wir es zu etwas gebracht haben. Auch der Chef stellt seine berechtigten Forderungen an uns. Und bei unseren Freunden haben wir uns auch schon lange nicht mehr sehen lassen. Was für ein Spagat.

PERFEKTIONISMUS HAT MIR OFT IN DIE SUPPE GESPUCKT

Ich begriff irgendwann, dass ich Bilder im Kopf habe, wie ich gern sein möchte: als Partnerin, als Mutter, als Freundin – für jede Form von Beziehung hatte ich ein Idealmuster von mir erstellt. Dessen war ich mir gar nicht bewusst. Ich habe mich sehr angestrengt, um diesen tollen Bildern zu genügen. Auch was mein viel zu früh verstorbener Vater in mir sah, wollte ich immer noch sein. «Du kannst alles, auch zum Mond fliegen», waren seine Worte in der Zeit, als Wernher von Braun den Weg zum Mond bahnte.

Jahrzehntelang habe ich diese Bilder nicht hinterfragt, sondern als alleinigen Maßstab genommen. Doch dann stellte ich mein ganzes Leben auf den Prüfstand, und mit ihm meine idealen Ichs.

Harmlose Fragen aus dem Freundeskreis brachten mich auf die Idee, mal zu schauen, wie mein Vater mich geprägt hatte. Oft hörte ich von schlimmen Kindheiten und Vätern, die ihre Rolle anscheinend nicht sehr gut erfüllt hatten. Diese Freunde meinten dann, sie würden deshalb in bestimmten Bahnen laufen. Mal trauten sie sich beruflich nichts zu, mal glaubten sie, für alles, was in der Familie nicht rundlief, die Schuld zu tragen. Alles wurde auf das Verhalten des Vaters zurückgeführt.

Irgendwann fragte ich mich: Müssen wir denn weiter in den Bahnen laufen, die unser Vater uns vorgeschrieben hat – zumal wenn wir erkennen, dass da etwas schiefläuft?

Ich begann zu überlegen, wie mein so guter Vater mich durch seine tolle Meinung über mich ebenfalls geprägt hat, und begriff: Überall wollte ich perfekt sein und so dem großartigen Bild entsprechen, das mein Vater von mir hatte. Wie anstrengend.

Meine Selbstbilder kamen aufs Freudenfeuer. Und siehe da, ich wurde auch geliebt, wenn ich nicht perfekt war. Denn sind wir mal ehrlich – möchten wir wirklich mit jemandem verheiratet sein, der alles perfekt macht? Genau, das wäre schrecklich. Wieso wollen wir dann selbst alles perfekt machen?

Ich erinnere mich daran, wie ich einmal eine Präsentation vorbereitete und sie zigmal Korrektur las. Erst nachdem ich sie per E-Mail an die Geschäftsleitung geschickt hatte, fiel mir ein sogenannter Fehler auf. Plötzlich war ich mit irgendeinem Detail nicht mehr zufrieden. Ich verbrachte zwei schlaflose Nächte, ärgerte mich entsetzlich – und keiner hat den Fehler bemerkt.

Ich glaube, diese Situation war der Anlass, endlich einmal umzudenken und zu hinterfragen, wofür der ganze Aufwand gut sein soll. Wieso muss ich stets perfekt sein? Habe ich Angst, sonst nicht geliebt oder anerkannt zu werden? Aber es war ja mein eigener Anspruch – niemand war je auf mich zugekommen und hatte mich für meine Unvollkommenheit kritisiert. Wollte ich mich besser fühlen als andere, damit ich dem Vergleich standhalten konnte? Perfekt sein zu wollen sei die Angst vor Kritik, heißt es.

Ich habe erkannt, dass mein Perfektionismus viel mit dem Idealbild meines Vaters zu tun hatte. Ich verstand, dass ich mir meinen Stress selber machte. Und hörte damit auf – Stück für Stück. Ich wurde gnädiger mit mir selbst und somit wohl auch erträglicher für mein Umfeld.

Um herauszufinden, wo die Ursache für den Perfektionismus liegt, könnte man mal schauen, wie man über andere Menschen denkt, die nicht perfektionistisch sind. Wenn jemand zum Beispiel nicht so ordentlich ist wie man selbst, ist er dann ein Chaot? Ist der andere dann vielleicht jemand, von dem man meint, er kriegt sein Leben nicht geregelt? Wenn das der Fall ist, lohnt es sich, einmal zu hinterfragen, ob das tatsächlich stimmt.

Ich bin zum Beispiel nur in Teilbereichen sehr ordentlich.

Ich liebe «wilde» Gärten, während meine Freundin die Stirn kräuselt, weil es ihr gar nicht entspricht. Ich stehe dazu. Ich finde selbstausgesäte kleine Pflanzen zwischen Terrassensteinen wunderschön und passe auf, sie nicht aus Versehen zu zerstören. Meine Freundin und ich sind unterschiedlich veranlagt. Wir akzeptieren jeden so, wie er ist.

DIE UHR TICKT

Ein weiterer Auslöser für Stress ist ein zu voller Terminkalender. Zeitstress scheint ein längst akzeptiertes Phänomen unserer Zeit zu sein. Ich kenne kaum noch Leute ohne diesen Druck. Nur Kinder spielen unbesorgt und nutzen ihre 24 Stunden für das, was gerade dran ist. Wir packen uns unsere Kalender zu voll – das wissen wir alle.

Auch wenn ich es damals nicht gelebt habe, mitbekommen habe ich es doch: die Hippiezeit der Flower-Power-Bewegung. Da gab es keinen Stress – und die Welt drehte sich trotzdem. Die Sehnsucht nach diesem Gefühl kennen wir vermutlich alle. Und die Frage danach, wie ein bisschen Flower-Power in die Jetzt-Zeit zu bringen ist. Geben wir uns hilflos geschlagen, oder machen wir unseren eigenen kleinen Protest wie damals die Hippies? Was lässt sich rausschmeißen aus dem Kalender? Was können wir anders regeln? Muss man sich für alle Termine treffen, oder reicht auch ein Telefonat? Verfügen andere über unsere Zeit, oder verfügen wir selbstverantwortlich darüber? Ich hörte neulich von einer Friseurin, dass sie tagsüber nicht so viel trinken kann, da sie keine Zeit hat, zur Toilette zu gehen. Der Kalender im Computer würde ihre Termine so knapp vorgeben, da könne man nichts ändern. Aber dieser Kalender wird von jemandem gepflegt, diese Termine werden *gemacht* – auf Anweisung des Chefs. Da möchte ich gerne Mut machen, dass Gespräch zu suchen und wenigstens zu versuchen, diese Taktung zu ändern.

Ich hörte neulich, dass der Stress an der Kasse beim Einpacken der Lebensmittel im Supermarkt gewollt ist – damit würde man eine weitere Kassiererin einsparen. Da wir den Ablauf nicht stören wollen, hetzen wir noch etwas schneller. Alleine das Wissen, dass nicht ich zu langsam bin, sondern man auf diesem Wege auch der Kassiererin keine Luft zum Atmen lässt, lässt mich entspannter handeln. So reicht es für die Kassiererin meistens zum Schluck aus der Wasserflasche.

EMOTIONALE ERPRESSUNG

Stress wird aber nicht nur durch volle Terminkalender und Perfektionismus ausgelöst, sondern nicht selten auch durch emotionale Erpressung. Jemand versucht, uns ein schlechtes Gewissen einzureden, wenn wir etwas nicht so machen, wie er es gerne hätte. Wir lassen uns breitschlagen, sagen ja statt nein und sind hinterher noch sauer auf uns selbst. Ein übler Kreislauf. Mit diesem schlechten Gewissen werden wir manipuliert. Klar, wir Frauen wollen bescheiden sein, das hat man uns so beigebracht. Seine eigenen Bedürfnisse nicht über die des anderen stellen – das ist eine wunderbare Eigenschaft. Aber sie auf die gleiche Stufe stellen, das dürfen wir schon!

Einfacher wird das, wenn wir verstehen, dass niemand für uns verantwortlich ist außer uns selbst. Nur wir sind der Regisseur unseres Lebens. Wir können dem recht schnell auf die Spur kommen, wenn jemand uns ein schlechtes Gewissen machen möchte – und zwar indem wir schauen, wo wir uns darüber ärgern, dass wir wieder nicht nein sagen konnten. Es begegnet uns ja überall, im Kollegenkreis genauso wie im Sportverein oder in der Familie.

Leider ist es sehr verbreitet, dass Eltern ihren Kindern ein schlechtes Gewissen machen und diese damit unter Druck setzen, wenn sie Dankbarkeit für etwas fordern, das sie für ihre Kinder getan haben. Aber ist diese Forderung legitim? Meine Mutter sagte früher immer: «Dank nicht mir, denn du wirst es an deine Kinder weitergeben – so läuft die Kette.»

Handeln Eltern nicht nach ihrem eigenen Wertebewusstsein, wenn sie etwas für ihre Kinder tun? Wenn wir aus freien Stücken Gutes tun – egal ob den Kindern, dem Partner, den Kollegen –, dann handeln wir so, weil es uns entspricht, weil wir so sein wollen. Also – wenn man so will – ebenfalls egoistisch. Auch Mutter Teresa handelte nach ihrem Wertebewusstsein. Genau so wollte sie sein und leben. Deshalb sind ihre Taten nicht weniger segensreich. Mutter Teresa hätte auch keinen Dank oder Anerkennung verlangt. Natürlich ist es ermutigend und sehr bereichernd, Dankbarkeit zu erfahren. Es ist aber nichts, was man einfordern kann. Man bekommt sie nur geschenkt.

ÜBERFLUSS VERURSACHT STRESS

Eine weitere Ursache von Stress ist Überfluss. Wir kennen das von unseren Kindern: Wenn sie zu viel Spielzeug haben, sitzen sie da und wissen nichts damit anzufangen. Sie sind überfordert von all den Dingen. Sind sie aber auf ihre Phantasie angewiesen, ergeben sich daraus die großartigsten Spiele.

Marketingfachleute wissen, wenn im Supermarkt alle Marmeladen in einem Regal stehen, ist der Kunde überfordert und kauft keine. Wir haben Mühe, am Sternenhimmel den einzelnen Stern als Kostbarkeit zu empfinden. Anders ergeht es dem kleinen Prinzen, der seinem Stern mit Liebe begegnet, den Vulkan fegt und die Rose behütet.

Manchmal ist weniger wirklich mehr. Wir leben in einem Zustand der Reizüberflutung, das Gehirn muss permanent auf Hochtouren laufen, um eine Ordnung herzustellen und den Überblick zu wahren. Das Spielzeug der Kinder habe ich für einige Zeit verschwinden lassen. Wenn es wieder auftauchte, funkelten ihre Augen, als sähen sie es zum ersten Mal.

Vielleicht können wir es als Erwachsene ähnlich handhaben: Wir müssen nicht alles gleichzeitig tun. Was tut mir im Moment gut? Was mache ich nur aus Gewohnheit? Kann ich mein Leben entrümpeln? Welche Bekannten, welche Hobbys, welche Angewohnheiten sind gut für mich? Was inspiriert mich, was vermittelt mir Wärme? Scheu dich nicht, dir Pausen zu verschaffen. Ein paare Jahre pausieren mit Malen, Singen oder was auch immer schafft mehr Zeit und damit weniger Stress. Da ich die Hobbys nicht komplett aufgeben wollte, habe ich mir eine Prioritätenliste angelegt. Mir vorgenommen, mich erst einmal auf die wichtigsten Sachen zu konzentrieren, bevor dann später das andere an die Reihe kommt.

Auch Freundschaften kamen auf den Prüfstand – entsprachen sie mir noch, oder war es Gewohnheit? Beziehungen, die sich damals über die Kinder ergaben, hatten nur diese Gemeinsamkeit und waren irgendwann nicht mehr so bereichernd. Diese dann auslaufen zu lassen war für mich auch entlastend.

STRESS BLOCKIERT UNSERE KREATIVITÄT

Wir wissen jetzt, was die wichtigsten Auslöser für Stress sind. Doch was hat Stress für Folgen? Bei Druck und Stress läuft unser Gehirn im Notfallprogramm, das hat die Hirnforschung bewiesen. Wir greifen auf Erfahrungen zurück – auf Bahnen und Abläufe, die wir kennen. Kreativität hat da keine Chance. Zeiten, in denen wir uns besonders anstrengen, sind also nicht zwangsläufig die produktivsten.

Ich habe ein kleines Beispiel aus der Malschule. Wir waren eine gemischte Gruppe aus Anfängern und alten Hasen. Ich sah die tollen Ergebnisse der Könner und setzte mich selbst unter Druck. Wieso, weiß ich nicht mehr, doch eines Tages verkündete ich laut: «Ab heute mal ich nur noch Geschenkpapier.» Auch in der Vergangenheit hatte ich Bilder, die nicht im Bilderrahmen landeten, als Geschenkpapier für meine Freunde genutzt. Dieser Entschluss brachte bei mir nun deutlich bessere Ergebnisse zutage. Ich malte lockerer, mehr aus einem Guss.

Genauso ging es mir, als mich eine junge Freundin von der Kunstakademie besuchte, die für ein anschließendes Bewerbungsgespräch ihre Kunstmappe dabeihatte. Sie zeigte mir den Inhalt – eine spannende Arbeit in krassen Rottönen sprang mich an. «Leider kann ich so etwas überhaupt nicht malen», gab ich meinem Bedauern Ausdruck. Sie widersprach vehement: «Nimm die intensivsten Rottöne, die du hast, nimm noch eine Farbe hinzu, die du scheußlich findest, und bespritz das am Ende alles mit einer Farbe, die nicht wirklich dazu passt.»

Ich wollte für das Experiment keine Leinwand verschwenden und nahm stattdessen Pappe. Trug alles nach draußen in den Garten, um so richtig aus dem Vollen schöpfen zu können, ohne Sorge, dass die Farbe an den Wänden landet. Unbekümmert schlug ich zu, und – du erahnst es schon – es wurde ein starkes Bild. Meine Freundin überredete mich, das Ganze auf großer Leinwand zu wiederholen. Aber leider fehlte die Unbekümmertheit – ein «Was soll's, es hat keine schlimmen Konsequenzen, wenn es nichts wird!». Dieses «einfach machen», ohne große Erwartung.

Der erste Entwurf war um Längen besser.

Wenn ich dieses Erlebnis auf das restliche Leben übertrage, dann weiß ich, dass ich mit Druck keine höhere Leistung erzwingen kann. Selbst wenn ich meinen Kopf unter den Presslufthammer lege, kommt kein besseres Ergebnis hervor. Für Kreativität braucht man eine gewisse Unbekümmertheit: Heute gebe ich mit Freude mein Bestes, was immer es ist – es ist genug.

Es ist offensichtlich, dass genau diese Situation im Alter viel eher gegeben ist als in jungen Jahren. Alter ist der ideale Nährboden für Kreativität. Wir haben keinen Zeitstress, haben im Laufe unseres Lebens bereits viele überraschende Lösungen aus dem Boden gestampft und keine Angst, uns lächerlich zu machen mit unseren verwegenen Ideen. All dies sind tolle Voraussetzungen, die Kreativität an der langen Leine zu lassen.

WIE UMGEHEN MIT STRESS?

Wenn es in meinem Berufsleben besonders wild wurde, hat mir ein Spruch sehr geholfen: «Reite den Tiger, sein Name ist Stress.» Wenn ich vorher begraben war von den vielen Projekten auf meinem Schreibtisch, saß ich jetzt obendrauf und hatte die Zügel in der Hand. Dann war ich raus aus dem

Hamsterrad, und ab ging die Post. Auch hier habe ich also die Opferrolle abgelegt und begonnen, selbstbestimmt zu handeln.

Eine andere Metapher schenkte mir eine Freundin als Ansichtskarte: «Drachen brauchen Gegenwind, um zu steigen.» «So sehe ich dein Leben. Je mehr Gegenwind du bekamst, umso höher bist du gestiegen», schrieb sie auf die Rückseite. Vielleicht liebe ich deshalb so sehr das Drachensteigen am Strand.

die spielerische Leichtigkeit

Lenkdrachen steigen lassen am Strand
heute ist richtiger Wind
worauf warten wir noch

ich mag die Kraft die an ihm zerrt
die mein Gegengewicht braucht
oft schon nach hinten gelehnt

dann wenn die Drachen durch die Lüfte zischen und knallen
ich die Richtung bestimmen kann
rechts, links, hoch, runter – fast bis an den Dünensand

ist wie im richtigen Leben
Gegengewicht sein, wenn's stürmisch wird
die spielerische Leichtigkeit nicht verliern

Greta Silver
Aus dem Buch *Gedichte für Lebensfreude pur*

Wenn wir akzeptieren, dass Gegenwind und Stolpersteine ganz normale Bestandteile unseres Lebens sind, wird es leichter, mit Stress und schmerzhaften Situationen umzugehen. Sie sind nicht gegen uns, sie sind einfach da und werden von uns bewertet. Die Schwere oder Leichtigkeit verleihen wir ihnen. Wir entscheiden, wie wir mit ihnen umgehen.

Vergleichen wir Lebensstürme mit Wind und Regen vor der Haustür, liegen wir damit gar nicht so schlecht. Sie nerven uns zwar, aber zumindest in Hamburg haben wir längst gelernt, dass sie nun mal zum Herbst und Frühling dazugehören. Die leichtere Form kann ich zum Drachensteigen nutzen, doch wenn es richtig braust, dann heißt es Schotten dicht und abwarten, bis das Unwetter vorbeigezogen ist. Hinterher schauen wir, was Schaden genommen hat und repariert werden muss, ob im Garten abgebrochene Äste liegen oder im Keller Wasser steht. Dann wird aufgeräumt, klar Schiff gemacht – und dankbar registriert, was heil geblieben ist.

Lebensstürme fegen über uns hinweg. Egal ob Liebeskummer, Jobverlust oder was einem sonst Böses widerfahren kann. Vielleicht sind sie auch dafür da, dass wir nach neuen Wegen suchen. Sie sind womöglich eine ähnlich spannende Herausforderung wie der gegnerische Torwart auf dem Fußballplatz. Wie öde wäre es, auf ein leeres Tor zu schießen – da wäre der Spaß schon nach wenigen Versuchen vorbei. Aber sich Wege auszudenken, den Torwart zu überlisten – das ist erst der wahre Sieg.

Das Leben geht weiter – nur anders. Und auf diesem neuen Weg gibt es wieder viele Sonnenstunden.

Arbeit, die wir nicht gerne erledigen, stresst uns deutlich mehr als Arbeit, an der wir Gefallen finden, die uns nur so aus den Händen flutscht – wo wir im Flow sind, wie es heute so schön heißt. Ja, sie fließt in der Tat dahin.

Nicht nur zum Geburtstag oder an Silvester starten wir mit guten Vorsätzen in die Zukunft. Wir kennen den Frust, der folgt, wenn wir uns zu viel vorgenommen haben. Manchmal haben wir uns einem Trend angeschlossen, der uns gar nicht entsprach. Oder wir glaubten, wenn wir viel Geld für einen Sportverein ausgeben, dann wird uns das motivieren, dabeizubleiben. Ein Trugschluss natürlich. Damit laden wir uns nur wieder neuen Stress auf die Schultern. Sich nicht so große Ziele zu setzen kann da helfen.

Hierzu fällt mir eine kleine Geschichte ein: Jedes Frühjahr harke ich das alte Laub unter den Büschen vor. Früher habe ich es immer so gemacht, dass ich alles auf einmal geharkt habe. Dann lag eine lange Laubstraße vor mir, die noch weggefahren werden musste, damit der Wind nicht wieder alles in sämtliche Richtungen verstreute. Mich hatte aber schon lange die Lust verlassen, und ich erledigte alles nur noch mit Widerwillen. Jetzt habe ich ein anderes Muster. Ich harke zwei Meter, anschließend kommt das Laub auf die Schubkarre und verschwindet auf dem Komposthaufen. Dann schau ich schon mal stolz auf das Ergebnis. Großzügig bin ich bereit, einen weiteren Meter zu erledigen. So habe ich immer das Gefühl, alles ist fertig – ich kann jederzeit aufhören und fühle mich königlich dabei.

Okay, das war ein Beispiel zum Schmunzeln, aber sich Pakete bei der Arbeit zu machen hilft. Auch meine Steuer – längst nicht mehr so ein Schreckgespenst wie früher – erledige ich in Portionen. Heute sortiere ich nur die Belege und bringe sie in eine Reihenfolge. Drucke mir die Telefonrechnungen aus etc., sodass ich schon einmal alles zusammenhabe. Danach mache ich etwas, was mir mehr Spaß bringt. Am nächsten Tag sind die Excel-Tabellen dran, in die alles eingetragen wird, und dann geht das Ganze an die Steuerberaterin oder direkt online ans Finanzamt. Durch diese Pakete sitze ich nicht Stunden am Stück an Projekten, die mir keinen Spaß machen, und doch habe ich sie recht schnell erledigt.

Diese Strategie funktioniert auch beim Bügeln. Wenn ich keine Lust habe, den großen Berg da zu erledigen, dann nehme ich mir das auch gar nicht vor. Nur diese fünf Blusen sind jetzt dran – danach kann ich feiern gehen.

Ich liebe diese kleinen Tricks, leichtfüßiger durch das Leben zu gehen.

ÜBER DIE EIGENE KRAFT HINAUS

Besser ist der Feind von gut. Das verursacht mir manchmal Bauchschmerzen. Klar, wenn ich eine Auswahl treffe, dann wähle ich das für mich Bessere. Schwierig wird es, wenn alles immer besser, schöner, höher sein muss. Die Karriereleiter muss immer weiter nach oben führen, das Auto muss größer werden und der Urlaub exotischer. Das halte ich für ein gefährliches Ding.

Gestatte ich es mir, mit meinem Leben zufrieden zu sein, so wie es gerade ist – unabhängig von der Meinung der anderen? Im Kapitel «Erfolg» gehe ich da noch einmal näher drauf ein.

Zufriedenheit ist ein sensibler Partner. Sind wir lustvoll zufrieden mit dem, was wir haben, oder sind wir lieber zufrieden, weil wir den Aufwand der Veränderung scheuen? Diese Zufriedenheit kommt vordergründig ganz harmlos daher – nämlich dann, wenn wir uns mit Umständen zufriedengeben, die uns gar nicht mehr entsprechen. Wenn wir in Bahnen laufen, die wir nicht mögen, aber den Aufwand scheuen, etwas zu verändern. Aber auch das kann enorm anstrengend sein und sehr viel Energie rauben. Wenn wir etwas mit Leib und Seele tun, so richtig im Flow sind, dann fühlt sich auch viel Arbeit ganz leicht an.

FREIZEITSTRESS

Ich habe einmal mit meinen Kindern einen Cluburlaub gemacht, das gute Essen und jede Menge Freizeitangebote waren im Preis enthalten. In dieser Ferienanlage herrschte ein unglaublicher Freizeitstress, schließlich wollte jeder so viel wie möglich mitnehmen. Ich hörte Menschen darüber klagen, dass sie sich so abhetzen müssten, um es pünktlich zum nächsten Termin zu schaffen, und dass solche langen Warteschlangen ihre wertvolle Urlaubszeit fräßen. Muss das sein? Muss ich meinen Tag so vollpacken, so verplanen, dass kein Raum mehr ist für Spontaneität? Ist es nicht schöner, sich treiben zu lassen, zu schauen, was passiert?

Sich für den tollen Urlaub total zu verschulden, nur um den Kollegen zu imponieren, ist Stress pur – und zwar über all die Monate hinweg, in denen wir den Kredit abbezahlen müssen.

Wir finden reichlich Möglichkeiten uns zu stressen. Dem auf den Zahn zu fühlen lohnt sich. Brauchen wir den Stress, um uns zu spüren, ja vielleicht auch, um uns wichtig zu fühlen? Was bedeutet Untätigkeit, wie negativ ist sie belegt?

Oder bedeutet Nichtstun Ferien, Freizeit, Freiheit? Wir sind diejenigen, die das bewerten. Wir müssen uns fragen: Bin ich es mir denn nicht wert, meine Freizeit zu genießen? Ich hörte von Menschen, dass sie dann immer ein schlechtes Gewissen hätten, denn eigentlich wäre doch immer etwas zu tun. Ich kann es nicht oft genug sagen: Unser Leben ist so kostbar, es muss genossen werden. Das geht am besten beim vermeintlichen (!) Nichts-Wichtiges-Tun – bei dem, was uns Spaß macht, unseren Hobbys, beim Musikhören, lautem Mitgrölen oder leisem Mitsummen, verträumtem Im-Buch-Schmökern, ganz egal. Und ja, hoffentlich auch bei der Arbeit – wenigstens manchmal. Es gibt so viele kleine Stell-schrauben, wo wir dem Stress den Schwung und den Druck nehmen können.

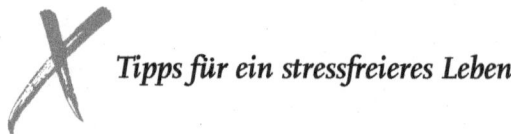 *Tipps für ein stressfreieres Leben*

Wo steht dir dein Perfektionismus im Wege? Gehe
der Frage nach: Was wird Schlimmes passieren,
wenn ich statt 100 % nur 80 % gebe?

Lass dein Bauchgefühl mitreden bei der Tatsache:
Ja, du bist es wert, dein Leben zu genießen. Hor-
che in dich hinein, was dir in deinen Erinnerungen besondere Freude gemacht hat: Wo warst du
da, was hast du dort gemacht, mit wem? Versuche
die Antwort ohne Fernseher und Computer oder
andere technische Mittel zu finden – oder nur in
großen Ausnahmefällen. Suche die Antwort in dir.
Bau dir am Tag kleine Inseln ein – vielleicht
nur fünf Minuten lang – und denk dir da
etwas Schönes für dich aus.

Überlege, ob dich jemand emotional erpresst – wer
macht dir ein schlechtes Gewissen, und du magst
nicht nein sagen? Das kannst du abwenden mit
Sätzen wie: Im Augenblick kann ich dir leider
nicht helfen, aber ich bin sicher, du schaffst es
auch ohne mich.

Trenne dich von Dingen, die du nicht wirklich brauchst und die dir auch keine Freude mehr bereiten. Du könntest zum Beispiel jeden Tag fünf Sachen aussuchen, die du anschließend verkaufst, verschenkst oder spendest.

FEHLER

Weißt du eigentlich, dass Fehler
einen viel besseren Ruf verdient hätten?

*F*ehlern sind wir gerade schon begegnet als Quelle von Stress. Doch dieser negative Ruf wird ihnen gar nicht gerecht. Sie gehören zu unserem Leben dazu, es geht überhaupt nicht ohne. Schon als Kinder probieren wir aus – stellen fest, es war nicht das Richtige, suchen einen neuen Weg.

Wenn wir glauben, einen Fehler gemacht zu haben, haben wir schnell das Gefühl, unsere Welt bricht zusammen. Wir möchten gerne perfekt sein und können es uns nur schwer verzeihen, wenn das nicht der Fall ist. Auch das Umfeld reagiert nicht immer nachsichtig, wenn etwas nicht so gelaufen ist wie gedacht. Das lastet schwer auf unseren Schultern – allerdings kann es auch ganz anders sein. Ich lernte mal einen Arktisforscher kennen und fragte ihn, welche Erfahrung er von dort mitgebracht hat für das Leben hier: «Das ist ganz einfach. Wenn man da etwas versucht und es war nicht der richtige Weg, dann war es eine Erkenntnis – hier ist es ein Fehler.»

Wie gut, dass niemand unfehlbar ist – irren ist menschlich, das besagt schon ein lateinisches Sprichwort. Fehler sind nicht peinlich, nein, sie machen uns liebenswert. Wer Schwächen zugeben kann, zeigt Stärke.

Vor lauter Angst, Fehler zu machen, verfallen wir in Tatenlosigkeit, werden kleinkariert und angepasst. Schwimmen lieber im Schwarm statt mit eigenen Ideen gegen den Strom.

Mit Urteilen sind wir in Deutschland schnell bei der Hand. Wenn zum Beispiel ein Unternehmer Insolvenz anmelden muss, dann ist er hier ziemlich untendurch. In anderen Ländern ist die Sichtweise eine andere. Von den USA weiß ich, dass auch eine Insolvenz kein Aus ist. Es ist ein Scheitern, aus dem man wertvolle Lehren ziehen kann, die einen beim nächsten Mal vor dem Scheitern bewahren: Man weiß, was man anders machen muss, und bekommt eine zweite Chance. Klingt doch eigentlich ganz logisch.

Auch ein Studium abzubrechen, weil es vielleicht doch nicht das richtige war, wird schnell als Fehler bezeichnet. Die investierten Jahre seien doch nichts als vertane Zeit. Aber wer kann denn schon beurteilen, ob nicht auch vermeintliche Sackgassen wichtige Lehren für uns bereithalten?

Es mag viele Gründe für unsere gesellschaftliche Prägung geben – doch keiner von ihnen hindert uns daran, diese zu hinterfragen. Wir können die einschränkenden Bilder aus unseren Köpfen verbannen. Ich mag den Satz: «Ich habe im Leben so viel aus meinen Fehlern gelernt, dass ich beschloss, weiter welche zu machen.» Wir haben doch gar keine Wahl – also schauen wir mal, wie wir mit den sogenannten Fehlern umgehen.

ENTWEDER WIR HABEN ERFOLG,
ODER WIR GEWINNEN ERFAHRUNG

Wir leben nach Glaubenssätzen, was falsch und was richtig ist im Leben. Womöglich sind sie uns schon im Kindesalter eingeflüstert worden. Vielleicht befürchten wir, wir würden nicht geliebt werden, wenn wir etwas falsch machen, oder besser gesagt, wenn wir nicht das machen, was andere von uns erwarten. Doch von dieser Überzeugung können wir uns befreien, auch wenn es manchmal einige Mühe erfordert.

Wer legt eigentlich fest, was richtig und was falsch ist? Ja, wer maßt sich das an? Ich zum Beispiel störe mich nicht daran, wenn mein Auto von außen dreckig ist. Es soll praktisch sein, kein Prestigeobjekt. Wenn dieses Auto nun mitgenutzt wird von jemandem, der Sauberkeit sehr schätzt, dann würde er meine Lässigkeit als Fehler einstufen, so wie ich vermutlich seine Pingeligkeit. Oft verurteilen wir andere für ihre Eigenschaften, nur weil wir selbst anders ticken. Im Falle des gemeinsamen Wagens könnte man sich schnell einigen – wie meistens im Leben, wenn man aufhört, den anderen in die Fehlerrolle zu drängen.

Wenn andere an uns oder unseren Handlungen etwas falsch finden, dann sollten wir hinterfragen, ob wir mit unserer Art vielleicht einen wunden Punkt im Leben des anderen berühren. Wo wir an jemanden erinnern, unter dem der andere gelitten hat. Wir müssen nicht alles, was andere an uns falsch finden, als Fehler einstufen.

Sobald ich erwachsen war, wurde ich für eines immer wieder kritisiert: Es war tatsächlich meine Energie. Nicht alle meine Mitmenschen konnten sie aushalten, weder im privaten noch im beruflichen Umfeld. Es mussten schon gestandene Personen sein, die meinen Elan zu schätzen wussten. Ich habe daher viel zu lange auf Sparflamme gelebt. Morgens schon fröhlich im Bad singen ist für jemanden, der sich mühsam aus dem Bett gequält hat, eine Zumutung. Es dauerte Jahre, bis ich das begriff.

Nun, seit ich alleine und als Greta Silver lebe, darf ich aus dem Vollen schöpfen und meiner Energie freien Lauf lassen. Werde gefeiert für das, wofür ich früher gescholten wurde. Ich staune immer noch und bin sehr dankbar dafür, dass die Menschen mir so liebevolle Reaktionen entgegenbringen. Welche Befreiung, welches Geschenk!

Ich bin ein fröhlicher Mensch und liebe es, aktiv zu sein. Brauche auf der anderen Seite die absolute Ruhe oder das Alleinsein, um abtauchen zu können in das, was noch ans Tageslicht kommen muss. Ich wollte mich nicht auf eine Seite festnageln lassen. Ich bin der Meinung, dass ich diese Extreme nur leben kann, weil sie einander ausgleichen. So bleibt der Balken der Waage in der Horizontalen.

Vielleicht kennst auch du diese oder andere Extreme in dir, mit denen du aneckst. Vielleicht kennst du es, dass Menschen nur die eine Facette deiner Persönlichkeit wahrnehmen wollen. Ich möchte dir Mut machen zu schauen, ob es wirklich ein Fehler ist, was man dir da vorwirft – oder ob andere es schlicht bequemer finden, dich auf eine Seite festzulegen.

Wenn wir uns selbst für Fehler verurteilen, sollten wir daran denken, wie wir mit unserer Freundin umgehen würden, wenn ihr das passiert wäre. Du würdest sie trösten, ihr sagen, dass wir alle mal Fehler machen, sie solle es nicht so schwernehmen. Vielleicht kochst du ihr ein leckeres Essen, lässt ihr das Badewasser ein oder massierst ihr die Schultern. Komisch, dass wir diese Nachsicht nicht auch uns selbst gegenüber haben, oder? Dann sagen wir uns plötzlich Dinge wie «Ist ja auch kein Wunder, ich war immer schon so dusselig» oder «Ich hab es auch nicht besser verdient». Gnädig zu uns selbst zu sein – auch was unsere Vergangenheit betrifft, versöhnt uns mit dem eigenen Leben. «Wir haben es damals nicht besser gekonnt.» Es darf nicht als billige Entschuldigung daherkommen, sondern muss mit ehrlichem Bedauern einhergehen. Zu erkennen, dass auch unsere Eltern es nicht besser konnten, hilft uns, Frieden zu schließen mit manch trauriger Phase unseres Lebens.

Obwohl meine Ehe gescheitert ist, betrachte ich sie nicht als Fehler. Ich würde es wieder so machen, alleine schon, um diese tollen Kinder zu bekommen, aber auch, weil diese Ehe mich zu der Frau gemacht hat, die ich heute bin. Mit der komme ich gut klar. Ja, es war streckenweise schmerzhaft, aber ein Fehler – so sehe ich mein Leben nicht. Wie wir etwas bewerten, liegt alleine bei uns. Es spielt keine Rolle, was die anderen denken.

Wie verhalten wir uns Kindern gegenüber, wenn sie einen Fehler gemacht haben? Sagen wir: «Gut, nun weißt du, dass dieser Weg nicht der richtige war, und probierst einen anderen», oder schimpfen wir gleich los? Ihnen zu zeigen, dass Fehler auch Chancen eröffnen, wird ihnen im Leben helfen. Bei meinen Enkelkindern fällt mir das um einiges leichter als früher bei meinen eigenen Kindern. Heute bin ich so viel weiter, kann so viel gelassener sein. Das ist ein großer Unterschied. Gerade bei meinem ersten Kind war mir nicht klar, dass es so viele unterschiedliche Phasen gibt im Kleinkindalter, die fast von alleine wieder verschwinden. Ich dachte damals oft: Wehret den Anfängen, wer weiß, wo diese Entwicklung sonst hinführt. Also habe ich viel härter reagiert, als ich das heute machen würde.

Ja, Fehler dürfen sein – bei den Kindern, bei mir –, da bricht die Welt nicht zusammen, sondern mit dieser Bereitschaft hört die Angst vor Fehlern auf und Kreativität wird ermöglicht. Das haben wir schon im Kapitel «Stress» gesehen: Kreativität braucht eine gewisse Unbekümmertheit. Wenn wir im Freundeskreis oder in einer Besprechung befürchten müssen, als Spinner ausgelacht zu werden, werden wir keine Ideen mehr preisgeben. Diese Angst vor Fehlern unterdrückt jede Form von Innovation. Erneuerung geht nur mit Leuten, die keine Angst vor Fehlern haben und einfach ausprobieren. Längst habe ich gelernt, dass man manchmal auch etwas wagen muss, auch wenn andere einen schon warnen, dass es schmerzhaft werden könnte. Wird es das tatsächlich, dann kein: «Hab ich dir doch gleich gesagt», sondern ein verständnisvolles Schmunzeln.

Ja, Fehler passieren und gehören dazu – aber das Wichtigste ist, was wir auf sie folgen lassen. Es geschieht ja auch, dass wir durch unsere Fehler andere verletzten oder dass wir etwas zerstört haben. Stehen wir für den Fehler ein, oder plagt uns nur ein schlechtes Gewissen? Handeln wir, oder stecken wir den Kopf in den Sand? Sich wegzuducken, in der Hoffnung, dass keiner unseren Fehler bemerkt, tut uns selbst nicht gut. Wenn wir die Verantwortung übernehmen, geht es uns deutlich besser. Aus Angst vor Strafe lernen auch Kinder schnell zu lügen: Ich war es nicht. Aber aus dem Alter sind wir raus. Wenn wir uns entschuldigen und versuchen, den Schaden wiedergutzumachen, tun wir das nicht allein für den anderen – wir stärken damit auch unser Selbstbewusstsein. Zu kneifen und zu lügen macht nicht stark. Unser inneres Wertesystem weiß ziemlich genau, was richtig und was falsch ist. Nicht danach zu handeln schwächt uns.

Ein Hoch auf Fehler

Ja
Fehler sollten uns auf Diskriminierung verklagen
wir haben ihren Ruf verdorben

sind völlig verklemmt
aus Angst, wir könnten Fehler machen
werden kleinkariert und angepasst

Fehler
müssen zur Ordensverleihung – hab so viel aus ihnen gelernt
dass ich beschloss, weiter welche zu machen

dass Fehler peinlich sind
gehört ins Freudenfeuer – Fehler zugeben macht
liebenswert

wer hat uns das eingebrockt
Erfinder brauchen Fehler und nennen es
Entwicklung

wer definiert Fehler
doch wieder wir selbst – halten uns selbst im Würgegriff
für den Arktisforscher war es die Erkenntnis, dass der Weg
nicht zum Ziel führt

zusammenrotten
'ne Bürgerbewegung zur Fehler-Befreiung ausrufen
wir rauben sonst der Wirtschaft das Potenzial

Lasst unsere Kinder Fehler machen
sie wissen, wie's geht
probieren einfach aus – bewerten nicht

Greta Silver
Aus dem Buch *Gedichte für Lebensfreude pur*

 ## Tipps zum Umgang mit Fehlern

Schau mal in deine Vergangenheit,
wann vermeintliche Fehler
doch zu einem Erfolg führten.

Versuche, diesem Schreckgespenst Fehler mal auf
den Zahn zu fühlen. Dann gehst du milder mit
dir und dem Leben um – Fehler gehören dazu,
und du brauchst die Bereitschaft, welche zu
machen, wenn du kreativ sein willst
und etwas verändern möchtest.

CHARAKTERSTÄRKEN

Weißt du eigentlich, wie stark du bist?

*F*ehler machen uns stärker. Doch wissen wir eigentlich, wie stark wir sind? Wo unsere Stärken liegen? Das Wissen über meine Charakterstärken war für mich als junge Frau eine Wohltat. Da erkannte ich, dass ich gar nicht alles können muss, es gibt auch andere Wege. Doch hier erst einmal ein Überblick:

In der Positiven Psychologie spricht man von vierundzwanzig Charakterstärken, die in sechs Tugenden unterteilt sind («Values in Action»-Modell*).

1. Zur Tugend Weisheit und Wissen gehören Kreativität, Einfallsreichtum und Originalität, Neugier und Interesse, Urteilsvermögen, kritisches Denken und Aufgeschlossenheit, Liebe zum Lernen, Weisheit, Weitsicht beziehungsweise Tiefsinn.

2. Zur Tugend Mut gehören Tapferkeit und Mut, Ausdauer, Beharrlichkeit und Fleiß, Authentizität, Ehrlichkeit, Aufrich-

---

* https://www.ebner-team.com/wp-content/uploads/2018/10/VIA-Stär-ken-Beschreibung-Buchauszug.pdf, Stand: 9. August 2019

tigkeit und Integrität, Enthusiasmus, Tatendrang und Begeisterungsfähigkeit.

3. Zur Tugend Liebe und Humanität / Menschlichkeit gehören Bindungsfähigkeit und die Fähigkeit zu lieben, Freundlichkeit, Großzügigkeit, Fürsorge und Altruismus, soziale Intelligenz beziehungsweise soziale Kompetenz.

4. Zur Tugend Gerechtigkeit gehören Teamwork, Zugehörigkeit, Loyalität, Fairness, Gleichheit und Gerechtigkeit sowie Führungsvermögen.

5. Zur Tugend Mäßigung gehören Vergebungsbereitschaft und Gnade, Bescheidenheit und Demut, Vorsicht, Klugheit, Diskretion, Selbstregulation, Selbstkontrolle sowie Selbstdisziplin.

6. Zur Tugend Spiritualität und Transzendenz gehören der Sinn für das Schöne, Ehrfurcht und Verwunderung, Dankbarkeit, Hoffnung, Optimismus und Zuversicht, Humor und Verspieltheit, Spiritualität, Religiosität und Glaube.

An dem Testverfahren zu den Charakterstärken, das in 30 Sprachen zur Verfügung steht, haben drei Millionen Menschen teilgenommen. 75 Nationen wurden verglichen. Die Studie zeigt, dass über alle Kulturen hinweg einige Eigenschaften besonders ausgeprägt waren: Ehrlichkeit, Fairness, Freundlichkeit, Neugier und Urteilsvermögen. Auf den letzten Plätzen hingegen finden wir: Selbstregulation, Bescheidenheit, Vorsicht, Spiritualität und Tatendrang.

Es gilt als erwiesen, dass wir unser Leben ganz anders genießen können, wenn wir uns nach unseren Charakterstärken ausrichten. Erleichternd fand ich, dass wir überhaupt nicht über alle 24 Stärken verfügen müssen. Dass ich mich nicht vergleichen muss oder besonders bemühen, etwas zu leben, was mir nicht entspricht. Somit können wir bereits in der Fülle des Lebens schwelgen, wenn wir uns nur einer Charakterstärke aus den jeweiligen Tugenden rühmen können. So entsteht unser Flow. Wir machen uns selbst Stress, wenn wir dem hinterherjammern, was wir nicht haben, statt intensiv das zu leben, was wir haben. Je mehr du deine Stärken lebst, desto häufiger wirst du Situationen erkennen, in denen du sie einsetzen kannst. Manche Fähigkeiten, die im Laufe unseres Lebens verschüttet wurden, bekommen auf diese Art wieder Luft zum Atmen. Das wird dich immer glücklicher machen. So bekommt die Arbeit an den Stärken einen eigenen Motor, wird eine kleine positive Sucht.

Auch wenn wir den ganzen Tag bei der Arbeit «durchgebrettert» haben, fühlen wir uns nicht ausgelaugt und ausgepowert, wenn wir unsere Charaktereigenschaften ausleben konnten. Wenn es uns möglich war, mit unseren Stärken zu arbeiten, werden wir lediglich wohlig erschöpft sein.

In diesem Kapitel geht es darum, unsere Stärken zu entdecken, diese vielleicht weiter auszubauen und uns nicht auf das zu fixieren, was wir nicht haben. Schauen wir doch mal, was es da für eine breite Auswahl gibt. Du überlegst, was dir davon entspricht. Was du sowieso schon lebst.

WEISHEIT UND WISSEN

Weisheit und Wissen ist die erste der sechs Tugenden. Es gibt das unterschiedlichste Handwerkszeug, das uns dabei helfen kann, diese Qualitäten zu leben. Ich vergleiche es gerne mit unterschiedlichen Methoden, wie ich ein Bild an die Wand bekomme. Ich brauche dafür nicht unbedingt Hammer und Nagel – ich kann es auch mit Klebeband befestigen oder es an ein quer über die Wand gespanntes Seil binden. Wichtig ist nur, dass das Bild hinterher an der Wand hängt, sonst nichts. Ebenso gibt es unterschiedliches Werkzeug, mit dem wir Charaktereigenschaften zur Geltung bringen können.

Zu der Tugend Weisheit und Wissen gehören **Neugier** und **Interesse**. Das Wort Neugier ist ja in Deutschland manchmal negativ besetzt. Damit meint man auch den Drang, seine Nase in Angelegenheiten zu stecken, die einen nichts angehen. Das ist hier nicht gemeint. Es geht vielmehr um die liebevolle und offene Neugier auf das Leben, auf die Person und Sache. Es ist dieses: Ich will es wissen. Damit kann ich mich sehr gut identifizieren.

Ich wollte auch als junge Frau alles wissen, selbst wenn ich nicht unbedingt handeln musste. Ich wollte möglichst viel von meinen Kindern erfahren. Beim gemeinsamen Abendessen erzählte jeder, was er am Tag so gemacht hatte. Als die Kinder kleiner waren, wollte ich wissen, falls etwas schieflief und ich hätte eingreifen müssen. Manchmal machte ich mir aber auch Gedanken über etwas, was sich hinterher als harmlos herausstellte. Ich erinnere mich noch gut daran, wie mein Ältester alles, was er in die Hände bekam, zu einem «Gewehr» oder einer «Pistole» umwandelte. Woher kam das? Er kannte zu der Zeit noch kein Fernsehen, und hier im Haus ging alles friedlich zu. Es war eine große Erleichterung, als ich erfuhr, dass das Spiel mit imaginären Waffen gerade total angesagt war im Kindergarten. Dass man diese Trendwellen dort kannte und wusste, dass die auch schnell wieder vorbei sind. Später erkannten alle am Tisch, dass es Nähe schafft, wenn man darüber informiert ist, was im Leben des anderen gerade wichtig ist.

Ich fand Menschen schon immer unglaublich spannend, wie sie leben und was sie brauchen, um glücklich zu sein. Es interessiert mich einfach, was tatsächlich hinter dieser äußeren Hülle steckt. Wir laufen oft mit Schutzmasken durch die Gegend – was ja auch legitim ist, schließlich wollen wir nicht jedem zeigen, wie es in uns aussieht. Aber mit Maske ist leider keine Nähe möglich, der wahre Mensch versteckt sich dahinter. Ich bin neugierig auf dieses andere Schicksal, diese Einmaligkeit jeder einzelnen Person. Diese Entdeckungsreise scheint mir eines der größten Abenteuer zu sein.

Ich hatte mir als junges Mädchen vorgestellt, wie es wohl sei, wenn ich in einer anderen Familie aufgewachsen wäre. Neugier auf das Leben hat mich schon immer begleitet. Auf einem Gehöft konnte ich mir ausmalen, wie es wäre, ein Bauernmädchen zu sein. Ich habe dort viel ausprobieren dürfen. Wie fühlt sich die kleine Kälberzunge an, wenn ich meine Hand ins Maul stecke? Wie ist es, wenn man den Nachmittag unter den großen Blättern des wilden Rhabarbers verbringt? Er heißt wohl eigentlich Pestwurz, wird 1,20 Meter hoch – habe ich gerade nachgelesen – und bietet ein vorzügliches Dach. Mit meinen Freunden grub ich Gänge und kleine Höhlen, wir amüsierten uns köstlich. Für die Erwachsenen waren wir nicht zu erreichen. Wenn man uns rief, verhielten wir uns ganz still, und keiner konnte uns sehen. Heute kämen da sicherlich schon manche Eltern an ihre Grenzen. Man vertraute uns, dass wir Gefahren einschätzen konnten. So hatte meine Neugier auf dem Bauernhof eine ganz lange Leine.

Was ich bei mir jedoch nicht so ausgeprägt finde, das ist die **Liebe zum Lernen**. Eine weitere Charakterstärke, die zur Tugend Weisheit und Wissen gehört. Damit ist gemeint, sich ganz sachlich Wissen anzueignen. Vielleicht hast du Hobbys, bei denen du dich in Unterlagen hineinkniest, Bücher wälzt, um dir ganz viel Fachwissen anzueignen. Dann würdest du das wunderbar leben. Ich habe eine Freundin, die so herrlich wissbegierig ist, dass sie ohne Unterricht gar nicht sein mag. Das fängt bei Klavierunterricht an, geht weiter über Französisch, Englisch und Tanzen. Sie möchte sich immer weiter entwickeln. Tanzen zum Beispiel – da reicht es ihr nicht, die Grundschritte und zwei, drei Figuren zu kennen, nein, sie möchte alles können und schimpft mit jedem Tanzpartner, der seine Schritte nicht beherrscht. Da das oft der Fall ist, kommt der Spaß bei ihr in meinen Augen deutlich zu kurz. Ich bin nicht so – bei mir steht der Spaß im Vordergrund, und was ich an Tanzschritten nicht kann, das wird eben improvisiert. So ist jeder einfach anders veranlagt – und das ist auch gut so.

Urteilsvermögen und **kritisches Denken** gehören zu derselben Tugend. Kritisches Denken bedeutet für mich, nicht naiv an Sachen heranzugehen, sondern mich zu hinterfragen. «Brauche ich das, will ich das, tut mir das gut?» Diese gesunde Kritik, dieser halbe Schritt zurück, um einen besseren Überblick zu erlangen. Mit Pessimismus hat das für mich nichts zu tun. Im Laufe unseres Lebens haben wir Antennen entwickelt, wo wir vorsichtig sein sollten – das ist ein Vorteil des Alters. Wir haben schon so viel erlebt, dass wir über eine regelrechte Warnanlage verfügen. Unser Bauchgefühl oder Unterbewusstsein zeigt uns, in welchen Situationen wir kritischer sein sollten. Ich erinnere mich an ein großes Fest, das ich organisierte. Eigentlich hatten schon alle Platz genommen für eine Vorführung, doch aus den Augenwinkeln bemerkte ich eine Person, die in die «falsche» Richtung lief. Theoretisch hätte sie noch mal zum Auto oder auf die Toilette gehen können, aber irgendetwas veranlasste mich dazu, ihr zu folgen. Ich erwischte diese Person dabei, wie sie für das anschließende gemeinsame Essen die Sitzordnung mit den Tischkarten änderte. Das hätte zu Verlegenheit geführt, wenn es erst später rausgekommen wäre, und man hätte gedacht, es sei mein Fehler gewesen. Der Hausherr hatte die Sitzordnung vorgegeben, ob es der Person nun passte oder nicht. Ich konnte mich durchsetzen. Da war ich meinem Bauchgefühl sehr dankbar.

Urteilsvermögen ist ein Handwerkszeug, mit dem man unterscheidet, was gut und richtig oder was falsch ist. Damit meine ich nicht das vorschnelle be- und verurteilen. Leider kenne ich das auch von mir, obwohl ich schon lange daran arbeite, das abzulegen. Ich glaube immer wieder, mir ein Urteil bilden zu können, noch bevor ich eine Person richtig kennengelernt habe. Doch wie oft hat sich eine «unscheinbar» wirkende Person als eine unglaublich spannende Persönlichkeit entpuppt. Wäre da nicht meine große Neugier gewesen, wären mir wegen meines vorschnellen Urteils berührende Begegnungen entgangen.

Das so wichtige Urteilsvermögen hingegen ist die Fähigkeit, etwas aus der Erfahrung heraus zu bewerten. Sie ermöglicht es zu unterscheiden, damit wir uns entscheiden können. Und Entscheidungen müssen wir den ganzen Tag treffen: Was ziehe ich an, was frühstücke ich, wie komme ich ins Büro, mit welcher Arbeit fange ich an und endlos weiter. Ohne Urteilsvermögen hätten wir da ein Problem. Vielleicht hörst du auf deinen Bauch, oder dein Verstand springt sowieso immer an und fragt nach dem Wieso.

Ebenfalls zur Tugend Weisheit gehören die Handwerkszeuge **Weitsicht** und **Tiefe**. Weitsicht bedeutet für mich, schon am Anfang zu bedenken, was wohl am Ende aus einem Projekt werden wird. Wenn wir das mit einem Schachspiel vergleichen, dann würde ein weitsichtiger Spieler die nächsten fünf Züge im Voraus bedenken. Die seines Gegenübers genauso wie seine eigenen. Auch diese Eigenschaft entwickelt sich im Alter weiter. Erfahrung ist auch hier ein kostbares Gut.

Tiefe heißt für mich, darüber nachzudenken, wie mein Handeln mein Leben und das anderer Personen berührt. Da Verantwortung zu übernehmen. Nicht an der Oberfläche zu bleiben, sondern tiefer zu gucken. Meinen Kindern erklärte ich damals: Tiefe ist dafür da, damit ganz viel Freude reinpasst. Aber wir kennen auch «tiefsinnige» Gedanken, bei denen oftmals ein Hauch Trauer mitschwingt. Ich bin tatsächlich auch der Meinung, dass wir in der Trauer weise werden. Wenn wir es schaffen, nicht verbittert zu werden, dann haben wir in der Situation viel gelernt.

Dieses sind die Handwerkszeuge, die wir haben, um Weisheit zu leben. Schau einfach, was dir davon entspricht.

MUT

Auch die Tugend Mut zeigt so viele verschiedene Facetten.

Ein Handwerkszeug, das uns hilft, Mut zu leben, ist die **Tapferkeit.**

Tapferkeit ist für mich verbunden mit Heldentum, es bedeutet in meinen Augen, sich selbst ganz hinten anzustellen, vielleicht sogar zu vergessen, dass man selbst gefährdet ist, wenn man den anderen versucht zu retten.

Doch hier möchte ich mich gar nicht so sehr mit diesen seltenen großen Ereignissen beschäftigen, sondern vielmehr auf unseren Alltag schauen. Als Erstes fällt mir das Beispiel der Eltern ein, was die alles für ihre kleinen Kinder tun. Sie stellen ihre eigenen Bedürfnisse völlig zurück, vergessen sogar ihre Krankheit, wenn es darum geht, ihr Kind zu beschützen. Mütter können sich oft gar nicht erlauben, krank zu sein. Ich erinnere mich an eine sehr schmerzhafte Entzündung im Arm, mein Sohn war noch ein Baby. Ich sollte meinen Arm schonen, doch wie sollte das gehen? Ich brauchte beide Arme, um meinen Kleinen hochzunehmen und zu halten. Und das habe ich dann auch irgendwie geschafft. Dabei fällt mir noch ein anderer Fall ein: Als meine ersten beiden Kinder im Kindergartenalter waren, da hatte ich einen Hörsturz. Der Arzt verordnete mir absolute Ruhe. Ich fragte, was genau er damit meine. Am besten nur liegen oder ganz vorsichtig bewegen. Es war mir ein Rätsel, wie er sich das vorstellte, schließlich konnte ich meine Kinder weder auf stumm stellen noch sie ganz sich selbst überlassen. Es war sonst niemand da, der sich um sie hätte kümmern können. So geht es vielen Eltern da draußen. Das Wohl des Kindes steht für sie einfach im Vordergrund.

Das Wort Tapferkeit ist vielleicht etwas altmodisch geworden. Ich stehe tapfer Leiden durch. Das hat sicherlich in manchem Alltag noch eine feine, erhebende Ebene: Wenn man sich sehr beschränkt, um dadurch am Ende etwas Schönes zu erreichen. Ja, man lebt als Student äußerst beengt oder kommt mit sehr wenig Geld aus, um etwas für sich Wichtiges zu realisieren. Dann hat man diese Zeit auch tapfer durchgestanden.

Ebenso geht jemand ganz tapfer zum Sport, weil er weiß, dass es ihm guttut. Wir können also auch im Umgang mit uns selbst tapfer sein und so tatsächlich Mut leben.

Ausdauer, **Beharrlichkeit** und **Fleiß** sind weitere Handwerkszeuge, die zur Tugend Mut gehören. Ausdauer ist hier auch gemeint als Abarbeiten von Tätigkeiten, die anliegen. Nicht aufzugeben und wegzulaufen, wenn es schwierig wird. Es ist also nicht nur der sich in den Vordergrund stellende Mut gemeint, der eine Heldentat vollbringt, sondern auch diese stille Ausdauer und Beharrlichkeit. Ich bin sehr froh, dass ich bei meinem Projekt «YouTube-Kanal» so viel Ausdauer hatte. Ich habe nicht aufgegeben, als ich ein halbes Jahr nur im Nebel stocherte und nicht wirklich vorangekommen beziehungsweise gefunden worden bin.

Wo ich Ausdauer sehr schnell mit Mut in Verbindung bringen kann, ist bei kleinen Kindern. Was brauchen die für eine Ausdauer, um laufen zu lernen! Hinfallen gehört zum Erfolg dazu. Da durchzuhalten ist für mich erkennbar Mut.

Auch Fleiß gehört zum Erfolg. In meiner Kindheit war es eine Eigenschaft, die oben im Zeugnis stand. Was löst der Satz in dir aus: «Du bist aber fleißig.» Ich beziehe es vordergründig auf das Abarbeiten von ganz viel eintöniger Arbeit. Es beinhaltet für mich keine oder nur ganz wenig Kreativität. Bienenfleißig steckt für mich auch darin. Ich bin selbst gerade beim Schreiben erstaunt, was für Bilder ich mit diesem Wort verbinde. Du wirst vielleicht andere Assoziationen haben. Das Wort hört man heute allerdings gar nicht mehr so oft. Polieren wir es doch mal wieder auf. Für mich ist Fleiß Ausdauer gepaart mit viel Schaffen, also Schnelligkeit. Fleiß bezieht sich auf eine längere Zeit. Einmal schnell etwas erreicht zu haben hat nichts mit Fleiß zu tun. Vermutlich sind fleißige Menschen zu Recht stolz auf das Geleistete und ziehen daraus ihre ganz persönliche Freude.

Authentizität, **Aufrichtigkeit** und **Integrität** gesellen sich ebenfalls zur Tugend Mut. Das ist ein unglaublich spannender Bereich. Wo bleibe ich meinem Wertesystem, mir selbst, treu? Wo bin ich ehrlich mit mir selbst? Ich finde es wunderschön, dass dies ein Handwerkszeug von Mut ist. Denn ja, manchmal wäre es einfacher, unsere Werte über Bord zu werfen und mit der Masse mitzuschwimmen. Es gehört Mut dazu, sich auf die Seite desjenigen zu stellen, der gerade gemobbt wird. Es passiert so leicht, dass wir durch unser Schweigen indirekt einer Situation zustimmen, die uns eigentlich gegen den Strich geht. Wir haben vermutlich gute Erklärungen (um nicht zu sagen, Ausreden), wieso wir uns da nicht einmischen wollen. Aber das entspricht nicht unserem Wertesystem. Ja, da brauchen wir Mut, um authentisch zu bleiben.

Ich weiß noch sehr gut, dass ich zu Beginn meines Berufslebens einfach weggegangen bin, wenn über eine Person schlecht geredet oder eine andere Abteilung niedergemacht wurde. Doch ich fühlte mich nicht wohl dabei. Es erschien wie eine stillschweigende Zustimmung. Allerdings wollte ich auch nicht als Oberlehrer mit erhobenem Zeigefinger auftreten. Mit der Zeit habe ich gelernt, besser mit solchen Situationen umzugehen. Ich begann, mir Sätze zurechtzulegen wie: «Na, hoffentlich denkt die andere Abteilung das nicht auch über uns.» Oder: «Na, ob wir da wohl die ganze Geschichte kennen? Vermutlich haben sie gute Gründe.» So kam zumindest zum Ausdruck, dass es auch anders sein könnte.

Natürlich darf man mal über jemanden schimpfen, der einen hängengelassen hat. Aber wachsam zu bleiben, um nicht in den Strudel des Negativen zu geraten, das erscheint mir sehr wichtig. Uns nicht zu verbiegen, sondern nach unserem Wertesystem zu leben, macht uns fröhlich, glücklich und stark.

Munterkeit und Stärke sind verbunden mit **Enthusiasmus und Tatendrang**, zwei weiteren Bestandteilen der Tugend Mut. Da bin ich selbst wieder ganz flott mit dabei.

Ich ahnte gar nicht, dass diese Eigenschaften auch zu Mut gehören. Es fällt mir so leicht, mich zu begeistern, dass ich mich da gar nicht als mutig sehen kann. So geht es uns wohl immer, wenn wir eine Charakterstärke mitbringen. Ich springe voller Energie in neue Themen hinein. Ich glaubte immer, um mutig zu sein, müsste man eine große Schwelle überwinden. Müsste man die Angst unter den Arm klemmen und sagen: Ich mache es trotzdem. Aber es geht auch anders, wie ich hier gelernt habe.

Begeisterungsfähigkeit ist etwas, was mir anscheinend reichlich mit in die Wiege gelegt wurde, daher bedarf es da bei mir gar keiner Anstrengung. Selbst wenn es in einer Sache durchaus negative Aspekte gibt, so sehe ich doch hauptsächlich die positiven Seiten. Ich halte die möglichen Stolpersteine in einer Excel-Liste fest, damit sie aus den Gedanken herauskommen, und plane weiter. Das, was uns am Anfang als Stolperstein vorkommt, löst sich manchmal im Tun von alleine auf. Oft sind es Gedanken wie: Ich kann es nicht, weil ich dafür nicht die richtigen Vorkenntnisse habe oder ich glaube, ich brauche dafür Unterstützer und Partner – ich traue es mir nicht alleine zu. Unsere eigenen Zweifel sind in meinen Augen die größten Stolpersteine. Wenn wir dann aber schauen, was dieses Wunschprojekt mit uns machen wird, wenn es gelingt, oder alleine schon, wenn wir anfangen, wenn wir es wenigstens versuchen – das ist enorm. Vielleicht wollten wir immer schon mal Klavier spielen. Dann könnte in unserer negativen Excel-Liste stehen, wieso das schwierig wird: zu laut für die Nachbarn, Instrument zu teuer, wir waren als Kind auch nicht so toll mit der Blockflöte. Das reicht für manche, um aufzugeben. Ist unser Wunsch, unsere Begeisterung aber groß genug, werden wir jetzt die ersten Schritte gehen und uns zunächst einmal informieren. Auf diese Weise können wir die Stolpersteine allmählich abbauen. So erfahren wir, dass es auch elektronische Klaviere gibt, die man auf Kopfhörer umschalten kann. Die sind also total leise, wenn man sie so einstellt. Bezüglich der Kosten würden wir erfahren, dass wir gebrauchte Instrumente kaufen oder mieten können. Unsere Begeisterung für das Instrument macht es leichter, diese Wege zu gehen. Sie hilft uns bei der Vorstellung, wie wir uns fühlen, wenn wir die ersten kleinen Erfolge feiern.

Wir haben also eine breite Palette zur Verfügung, wie wir Mut leben können. Auch hier sollten wir schauen, welche Eigenschaften wir haben, anstatt uns auf das zu fokussieren, was uns fehlt. Stärken stärken macht viel mehr Spaß.

LIEBE UND HUMANITÄT / MENSCHLICHKEIT

Liebe leben, wer will das nicht? Doch oft meinen wir, das geht ja gar nicht, weil wir keinen Partner und keine Kinder haben.

Diese Form der Liebe fällt uns sicherlich sofort ein. Aber irgendwie erscheint mir die Liebe zu unseren Kindern mit in die Wiege gelegt worden zu sein, genau wie jene zu unseren Eltern. Ein Naturereignis. Doch das können wir auch beeinflussen und in unterschiedlicher Intensität leben – wir können etwas tun, um Liebe zum Fließen zu bringen. Wie wohlwollend gehen wir an bestehende Beziehungen heran? Müssen wir jedes Wort auf die Waagschale legen, oder können wir auch sagen: Er / sie hat es nicht so gemeint?

Das gilt genauso für die Partnerschaft. Da spielen noch andere Faktoren mit rein. Wie bindungsfähig sind wir? Fühle ich mich schnell erdrückt, oder kann es mir gar nicht nah genug sein? Trage ich noch die Wunden vergangener Beziehungen mit mir herum und reagiere empfindlich, wenn ähnliche Situationen entstehen wie damals? Ist, wie der andere sich eine Beziehung vorstellt, einfach nur anders und nichts gegen mich? Es gibt so viele unterschiedliche Möglichkeiten, wie man das Leben und die Beziehung sehen kann.

Doch gehe ich mal weg von Beziehungen – womit wir Liebe verbinden. Ja, ich holte mir die Liebe sogar ins Berufsleben, in den Freundeskreis, in Schulen oder Vereinen, in denen ich wirkte, wenn äußerst schwierige Situationen zu bewältigen waren. Mir war klar: Liebe ist eine so starke Kraft, sie öffnet neue Welten, auch da, wo Konflikte herrschen. In scheinbar ausweglosen Situationen frage ich mich oft, wie die Liebe entscheiden würde. Es ist stets eine Entscheidung für mich. Denn höre ich auf die Liebe, habe ich Frieden in mir – wenn auch nicht immer die Anerkennung, recht gehabt zu haben. Dann hat mein Ego plötzlich kein Mitspracherecht mehr, und Rache und Wut halten den Mund. Auch **Freundlichkeit** ist eine Facette von Liebe leben. Und zwar nicht nur gegenüber meinen Freunden – obwohl das Wort in Freundlichkeit enthalten ist –, sondern gegenüber allen Menschen, ja allen Lebewesen, die mir begegnen.

Wenn ich es schaffe, freundlich zu den Menschen zu sein, die mir nicht so sympathisch sind, ihnen liebevoll begegnen kann, dann lebe ich auch dort tatsächlich die Charaktereigenschaft Liebe. Eine Bereicherung für mich und mein Leben. Es spiegelt ja auf mich zurück, wenn ich anderen Menschen ein Lächeln schenke oder eine liebevolle Bemerkung mache. Schon umgebe ich mich mit Menschen, die auch lächeln.

Ein Bekannter von mir schimpfte entsetzlich über einen Arzt, der ihm mit drastischen Worten vom Rauchen abriet. Der Bekannte war erneut zu einem Termin gebeten worden und erzählte mir aufgebracht, was er dem Arzt dann alles an den Kopf werfen wollte. Als er von dem Termin zurückkam, fragte ich ihn, wie das Gespräch gelaufen ist. Er winkte ab: «Der ist jetzt mein Freund.» «Was ist passiert?», wollte ich wissen. «Er hat sich bei mir für den Ton entschuldigt.» Ich jubelte: «Ja, genau so funktioniert es, er hat dir mit seiner Entschuldigung deine Waffen aus der Hand genommen.» Kein Wunder, dass Freundlichkeit zur Tugend Liebe gehört. Wir sollten sie viel häufiger einsetzen und leben.

In der **Fürsorge** erkennen wir sicherlich auch sofort die Liebe. Für jemand anderen da zu sein, wenn er selbst schwach ist – egal in welcher Form –, ist wie Balsam für die Seele. Stellt unsere beste Freundin uns die Suppe auf den Tisch, wenn es uns schlechtgeht, tut das unglaublich gut. Schaut die Nachbarin nach dem Rechten, wenn man im Urlaub ist, oder zeigt jemand einfach nur Interesse für uns – es tut so gut.

Sicherlich ist es wichtig, zu schauen, dass es einem selbst gutgeht. Aber genauso wichtig ist es, das Wohl des anderen nicht aus den Augen zu verlieren. **Altruismus**, uneigennützig zu handeln macht glücklich. Verantwortung zu übernehmen für ein schwächeres Wesen. Bei unseren Kindern fällt es uns sicherlich am leichtesten. Wir leben es jedoch auch, wenn wir der Umwelt zuliebe nicht das machen, was einfacher wäre. Es wäre einfacher, zur Plastiktüte zu greifen, statt immer an die eigene Einkaufstasche denken zu müssen. Gelingt es mir, handle ich uneigennützig.

Sprechen wir über das Wohl der anderen, sind wir schnell bei dem Thema **Hilfsbereitschaft**. Auch hier können wir den Kreis sehr groß ziehen. Hilfsbereit sein nicht nur in unserem engen Umfeld, sondern auch bei Begegnungen mit Fremden. Hilfsbereitschaft tut uns immer auch selbst gut.

Dieses Wissen ist in unserer schnelllebigen Zeit vielleicht etwas verlorengegangen. Wir glauben, jemand anders wird schon helfen. Doch hier achtsam zu sein, ja geradezu nach Gelegenheiten zu suchen, in denen wir hilfsbereit sein können, ist so kostbar für uns und für die Welt. Auch wenn wir nicht mit Dankbarkeit belohnt werden. Heben wir zum Beispiel im Geschäft etwas auf, was aus dem Regal gefallen ist, tut es uns gut, auch wenn es keiner sieht. Wir leben nach unseren Wertmaßstäben – das macht uns glücklich, und damit bauen wir unser Selbstbewusstsein auf.

Ein weiterer ganz toller Ansatzpunkt, um unser Leben zu bereichern, ist die **Großzügigkeit**. Allgemein gesprochen die Bereitschaft, etwas zu geben, zu verteilen, zu verschenken. Aber es geht auch um die Großzügigkeit, Schwächen zu verzeihen, sowohl die der anderen als auch die eigenen. Ein ganz wichtiger Punkt scheint mir die Frage zu sein: Wie großzügig bin ich eigentlich mir selbst gegenüber? Erwarte ich von mir, immer perfekt zu sein? Gehe ich mit mir strenger um als mit meinen Freunden? Vermutlich zeigt man sich bei denen etwas nachsichtiger. Großzügigkeit zu leben ist auch ein Handwerkszeug, Liebe zu leben.

Ich kenne durchaus Menschen, die sich gut darin fühlen, ganz karg zu leben. Ich meine nicht jene Menschen, die bewusst auf Luxus verzichten. Die für sich entschieden haben, mit wenig auszukommen und damit glücklich zu sein. Die meine ich nicht. Ich meine dieses so knauserig mit sich selber sein, das einen ganz griesgrämig werden lässt. Es mag eine Genugtuung für diese Menschen sein, aber glücklich wirken sie auf mich überhaupt nicht. Sie prahlen mit ihrer angeblichen Bescheidenheit. Heißen andere gerne Verschwender oder Egoisten. Sie wirken auf mich so, als hätten sie sich selbst im Würgegriff. Sich etwas zu gönnen – das

Leben auszukosten, großzügig sich selbst gegenüber zu sein – wäre wahrscheinlich viel besser für sie. Es steht uns zu, glücklich und fröhlich zu sein. Ja, eigentlich ist es eine Pflicht, das Leben zu genießen, denn es ist ein so kostbares Geschenk.

Ein letzter Aspekt, den wir im Hinblick auf die Tugend Liebe betrachten wollen, sind die soziale und emotionale Intelligenz. Die spielen im Berufsleben heutzutage eine große Rolle. Bei Bewerbungen wird sogar überprüft, wie ausgeprägt diese Eigenschaften bei den Kandidaten sind. Es hat sich herausgestellt, wie wichtig es ist, soziale Intelligenz leben zu können. Zu erkennen, wie das Miteinander funktioniert. Dazu gehören auch so Feinheiten wie zwischen den Zeilen zu lesen, auch im Gesicht etwas abzulesen, was gar nicht ausgesprochen wurde, zu erkennen, in was für einer Stimmung das Gegenüber gerade ist. Uns hineinzufühlen in andere Menschen, das auch kommunizieren zu können und danach zu handeln, das ist in so vielen Situationen wichtig.

Ich liebe diese breite Palette, wie wir Liebe leben können. Es sind alles Werkzeuge für das eigene Glück.

GERECHTIGKEIT

Wenn sie fehlt, tut es weh. Das kennen wir alle. Wir leben diese wundervolle Eigenschaft zum Beispiel, wenn wir **Teamfähigkeit** praktizieren. Wie weit bin ich in der Lage, auf die Ideen anderer einzugehen? Gemeinsam mit anderen etwas zu entwickeln? Ich habe es leider oft erlebt, dass jeder seine eigene Vorstellung umsetzen will, ohne dabei die der anderen zu berücksichtigen. Teamfähigkeit beinhaltet, sich selbst zurückzunehmen, damit sich alle Teilnehmer gleichwertig und gleichberechtigt einbringen können. Die anderen Vorschläge in die eigene Idee zu integrieren, auch wenn sie mir nicht entsprechen. So werden die verschiedenen Ideen zu einem großen Ganzen zusammengestrickt. Etwas, was größer ist als jede Idee alleine.

Ganz offensichtlich ist Teamfähigkeit im Fußball. Wie versetze ich den anderen in die Lage, ein Tor schießen zu können? Achte ich nur auf meine eigene Leistung, meine eigene Trefferzahl oder auf das Gesamtergebnis? Und auch für den Musiker in einem Orchester ist Teamfähigkeit unverzichtbar. Da muss ich mich einfügen, auf den anderen achten – wann halte ich mich zurück und gebe dem Mitspieler Zeit für ein Solo, wann bin ich selbst an der Reihe?

Teamfähigkeit übt man aber auch in der Familie. Die meisten von uns kennen das Balancespiel, jedem zu seinem Recht zu verhelfen. Das schließt alle mit ein, die Großeltern genauso wie die Eltern und die Kinder. Sich hier selbst als Teil eines Teams zu sehen, wo jeder die gleichen Rechte hat und alle ein Ziel verfolgen, ist sicherlich nicht für jeden selbstverständlich. Ich komme ja noch aus einer Generation, in der Kinder längst nicht so viele Rechte hatten wie die Erwachsenen. Ein Spruch ist mir neulich wieder zu Ohren gekommen: «Wenn der Kuchen spricht, haben die Krümel zu schweigen.» Sicherlich müssen kleine Kinder lernen, nicht dazwischenzuplappern – aber ihre Meinung zählt genauso. Angehört werden sollten sie auf jeden Fall. Wenn ich an ein Team denke, haben alle ein Ziel vor Augen. Vielleicht müsste das öfter formuliert werden. Was ist das gemeinsame Ziel? Ist es wirklich allen Beteiligten bewusst? Könnte man es in der Familie so definieren, dass innerhalb dieses Teams jeder einen Schutzraum findet, in dem er sich selber optimal weiterentwickeln kann? Der Kleine braucht einen anderen Freiraum oder Schutz als der Große. Gerechtigkeit besteht hier nicht in Gleichmacherei, sondern darin, für jeden seinen Umständen entsprechend das rechte Maß zu finden.

Ja, es leuchtet ein, mit Teamfähigkeit können wir Gerechtigkeit leben. Dieser im Berufsleben so abwertenden Beurteilung «Der ist ja nicht teamfähig» erscheint mir trotzdem oft zu viel Bedeutung beigemessen zu werden. So jemand hat sicherlich andere Qualitäten. Die Tugend Gerechtigkeit können wir jedenfalls auch an vielen anderen Stellen leben. Schauen wir mal, was es noch so gibt.

Fairness ist ein weiteres Handwerkszeug, um Gerechtigkeit zu leben. Da können wir die gleichen Beispiele heranziehen wie bei der Teamfähigkeit, denn Fairness ist in der Firma genauso wichtig wie beim Sport und in der Familie. Hier greifen die Handwerkszeuge sehr ineinander. Gleiche Bezahlung für gleiche Leistung beispielsweise hat in Deutschland noch sehr viel Entwicklungspotenzial. Damit meine ich nicht alleine die ungleiche Bezahlung von Männern und Frauen, sondern auch die von Menschen mit mehr Durchsetzungskraft gegenüber den Stilleren. Ich habe mal für einen amerikanischen Konzern gearbeitet, wo die Gehälter transparent waren. Jeder wusste, was der andere verdient, kannte die Bewertung des Arbeitsplatzes eines jeden Mitarbeiters im Unternehmen. Selbst die Spanne, in der individuelle Unterschiede möglich waren, wurden offengelegt. Wenn die Stelle beispielsweise die Bewertung Nr. 50 hatte, dann konnte man auf einer Liste einsehen, dass der entsprechende Arbeitnehmer zwischen 1800 und 2100 DM verdiente. Man bekam also bei sehr guter Arbeit mehr Geld als jemand, der die gleiche Arbeit mit wenig Einsatz erledigte. War man beim Maximalgehalt angekommen und wollte mehr, dann konnte man anspruchsvollere Tätigkeiten hinzunehmen. Die neue Position wurde erneut bewertet und das Ergebnis auch wieder transparent gemacht. Herrlich entspannt – und fair.

Beim Sport wird fehlende Fairness sogar bestraft. So sollte das am besten auch in anderen Bereichen sein. Mit fairem Handeln tun wir nicht nur anderen einen Gefallen, sondern auch uns selbst. Keiner fühlt sich gut, wenn er weiß, er ist unfair. Wir haben zum Glück einen inneren Wertemaßstab, der das zu verhindern weiß. Wenn wir uns nach ihm richten, sind wir selbstbewusst und glücklich.

Besonders wichtig wird Fairness im Umgang mit vermeintlich Schwächeren. Kindern gegenüber fair zu sein betrifft sowohl Über- als auch Unterforderung. Wir sollten uns auf der einen Seite immer bewusst machen, dass sie noch in der Übungsphase sind und Fehler machen dürfen. Auch wenn wir manche Sachen schon hundertmal gesagt haben. Und auf der anderen Seite dürfen wir nicht vor lauter Stolz Sachen von ihnen fordern, für die sie eigentlich noch zu klein sind. Zu berücksichtigen, dass es Menschen gibt, die vorübergehend oder dauerhaft zu einigem nicht in der Lage sind, ist Fairness. Doch dabei sollte man sich vor Augen führen, dass es vieles gibt, was sie sehr wohl können und manchmal sogar besser als wir selbst. So hat ein blinder Mensch oftmals ein deutlich ausgeprägteres Gehör als Menschen, die sehen können.

Da gibt es die zauberhafte Geschichte von Stevie Wonder. Als blindes Kind war er in der Schule der Einzige, der hören konnte, wo sich die Maus befand, die gerade die ganze Klasse in Aufruhr versetzte. Dieses ausgeprägte Gehör war sicherlich ein Grundstein für seine großartige Musikkarriere. Auch auf das zu schauen, was jemand kann, statt immer nur das hervorzuheben, was er nicht kann, ist Fairness. Also nicht zu sagen: «Das ist das blinde Kind», sondern: «Das ist das Kind mit dem außergewöhnlich guten Gehör.»

Ein weiteres Handwerkszeug für das Erreichen von Gerechtigkeit ist **Führungsvermögen**. Mit Lob und Anerkennung die Mitarbeiter so motivieren zu können, dass sie 100 % ihrer Leistungsbereitschaft zeigen. Auch hier besteht, glaube ich, noch ein großes Entwicklungspotenzial in der deutschen Wirtschaft. Was für ein Wachstum wäre in unseren Firmen zu beobachten, wenn die Menschen, die innerlich gekündigt haben oder nur mit halbem Einsatz ihre Arbeit machen, nun mit Begeisterung dabei sind. Es gilt zu erfragen, was jeder einzelne Mitarbeiter braucht, um sich anerkannt zu fühlen. Man geht immer von sich selber aus. Wenn ich von dem Willen angetrieben werde, viel Geld zu verdienen, dann glaube ich, das ist bei meinem Mitarbeiter auch so. Der braucht aber vielleicht einfach mal Wertschätzung für seine Arbeit. Da entsteht so etwas wie: «Was will der denn jetzt noch, wieso mault der immer noch rum? Der hat doch gerade eine fette Gehaltserhöhung bekommen.» Sich für die Bedürfnisse des Mitarbeiters zu interessieren, seinen Einsatz anzuerkennen, ist leider immer noch nicht selbstverständlich.

Als Führungskraft muss ich auch den schützen, der leiser ist als die anderen und daher mit seiner Meinung leichter untergeht. Will ich, dass meine Firma sich weiterentwickelt, muss ich außerdem einen sicheren Raum für Kreativität schaffen. Dass der Mitarbeiter hier keine Angst vor Fehlern haben und möglichst stressfrei arbeiten sollte, haben wir bereits gesehen.

Doch nicht nur im Berufsleben brauchen wir Führungsvermögen. Auch in der Familie haben idealerweise zwei die Führungsposition. Die Eltern sollten sich ihrer Aufgabe bewusst sein, jedes ihrer Kinder nach seinen Fähigkeiten zu fördern, zu schützen, zu ermutigen und Streit zwischen ihnen zu schlichten.

Hier haben wir es mit einer Eigenschaft zu tun, die einen ganz schlechten Ruf hat. Den können wir aufpolieren. Es fällt einem zuerst «verzichten müssen» ein – und das hört sich gar nicht gut an. Was jedoch noch alles dazugehört und was wir damit gewinnen können, das schauen wir uns jetzt mal an. Auch hier stehen uns verschiedene Hilfsmittel zur Verfügung, wie wir diese Tugend leben können.

Statt uns auf das Verzichtenmüssen zu konzentrieren, sollten wir uns der Tugend Mäßigung besser mit dem Begriff der **Bescheidenheit** nähern. Auch er wirkt vordergründig wenig attraktiv. Doch dahinter steckt so viel, das uns fröhlich macht.

Bescheidenheit zielt in verschiedene Richtungen. Zum einen heißt es, den anderen anzuerkennen. Zu realisieren, dass wir nicht immer der einzige Maßstab sind und dass wir uns nicht immer in den Vordergrund stellen müssen, sondern andere gelten lassen können. Das macht uns liebenswert.

Daneben bedeutet Bescheidenheit, mich bei Sachen zu mäßigen, die mir nicht guttun. Zum Beispiel bei Süßigkeiten, Alkohol, Internet, Essen und ähnlichen Dingen. Bescheidenheit beim Habenwollen tut uns gut. Macht es uns doch unglücklich, wenn wir große Wünsche haben, die wir uns nicht erfüllen können. Hier bescheiden zu sein, mit dem glücklich zu sein, was man hat, ist ein großes Geschenk. Doch auch bei der Wortwahl ist es häufig wichtig, sich zu mäßigen und nicht alle schlimmen Ausdrücke, die einem in den Kopf kommen, gleich herauszuschleudern.

Sich zu mäßigen heißt zu siegen. Sieger zu sein über seine negativen Gedanken, Gefühle, seine Süchte, seinen inneren Schweinehund. Es bedeutet, sein Leben im Griff zu haben. Das bringt uns zur nächsten Charakterstärke: **Selbstkontrolle** oder **Selbstregulierung**.

Zu diesem Thema gibt es eine faszinierende Studie, die über sehr viele Jahre in sehr vielen Ländern durchgeführt wurde. Es ist der Marshmallow-Test. Einem Kind wird in einem reizarmen Raum ohne Ablenkungsmöglichkeiten ein Marshmallow vorgelegt, das es sofort haben könnte. Wenn es jedoch wartet – so lange, bis der Versuchsleiter, der den Raum verlassen hat, wieder zurückkommt –, dann bekommt es zwei. In diesem Langzeittest hat man festgestellt, dass Kinder, die über die nötige Selbstdisziplin verfügen, später als Erwachsene zufriedener und glücklicher sind, mehr Wohlstand haben und sich einer besseren Gesundheit erfreuen – und zwar unabhängig von Intelligenz und sozialem Umfeld.

Selbstkontrolle hilft uns auch als Erwachsene in verschiedenen Bereichen. Im Büro, wenn wir nicht sofort das erste Angebot annehmen, sondern auf ein besseres warten. Beim körperlichen Wohlbefinden, wenn wir nicht gleich zur Pommes an der Ecke greifen, sondern dazu in der Lage sind zu warten, bis wir uns zu Hause etwas Gesundes machen können. In der Liebe: Kann ich auf die große Liebe warten, oder gebe ich mich mit halbgaren Gefühlen zufrieden, weil ich nicht alleine sein kann? Selbstkontrolle ist ein wahres Allzweckmittel.

Ich war selbst fasziniert, als ich las, dass zur Mäßigung auch die Charakterstärke **Vergeben und Verzeihen** gehört. Die meisten von uns wissen längst, wie glücklich es uns selber macht, wenn wir anderen vergeben. Das bedeutet nicht, klein beizugeben, wenn man verletzt wurde, sondern sich der Macht zu entziehen, die der andere über einen hat. Wie wir selber das Ziehen im Magen loswerden, das uns seit der Verletzung immer wieder weh tut. Es gibt da diesen schönen und treffenden Satz: Willst du recht haben oder Frieden? Diese Frage hilft uns schon mal zu erkennen, dass wir die Richtung vorgeben können. Dass wir dazu in der Lage sind, uns selber zu befreien. Es ist ein Weg raus aus der Opferrolle hin zum souverän Handelnden. Wir entscheiden, ob wir unsere Wut leben und weiter nach Rache sinnen wollen. Wenn wir diese Gefühle mäßigen, werden wir frei. Es mag ja sogar sein, dass derjenige, der uns verletzt hat, es gar nicht mitbekommen hat. Es ist also möglich, dass wir stunden-, tagelang wütend durch die Gegend laufen, und der andere ahnt es noch nicht einmal. Wir tragen also ständig seine Schuld durch die Gegend.

Vergeben ist ein ganz großer Schritt in Richtung Glück.

Damit es gar nicht erst zu Handlungen kommt, die verziehen werden müssen, sollte man **Umsicht** und **Vorsicht** walten lassen.

Wenn wir uns das Wort Umsicht genau anschauen, dann erkennen wir, dass es eine «Rundum-Sicht» bezeichnet. Es bedeutet, sein Umfeld mit im Fokus zu haben und den Blick nicht nur auf sich selbst zu richten. Wohlwollend, fürsorglich mit dem anderen umzugehen. Auch damit leben wir die Tugend Mäßigung, auch das macht uns glücklich. Ich weiß noch gut, dass ich als junge Frau dachte, es gebe nur ein Entweder-oder. Entweder schaute ich, dass die anderen zu ihrem Recht kamen, oder ich schaute, dass ich zu meinem Recht kam. Da war ich leider oft frustriert, weil ich das Gefühl hatte, dass ich mich immer nur um das Recht der anderen kümmerte. «Wo bleib denn ich?», dachte ich manches Mal. Nach und nach begriff ich, es geht auch gleichzeitig. Nein, nicht mit faulen Kompromissen, sondern mit liebevollem Einbeziehen aller. Es gab gar keinen Aufschrei, wenn ich ab und zu auch etwas ganz alleine für mich machte. Ich hatte es mir in meinem Kopf leider vorher durch die Entweder-oder-Falle selbst verbaut.

Die bereits erwähnte Vorsicht möchte ich hier ausdrücklich nicht gleichstellen mit Ängstlichkeit. Ich verstehe es vielmehr als eine Vor-Sicht, im Sinne von «vorher gesichtet», denn Vorsicht rührt von unserer Lebenserfahrung her. Wir haben ähnliche Situationen schon mal erlebt und können darauf zurückgreifen. Das erleichtert es uns, die richtige Entscheidung zu fällen. Statt blind und wild draufloszulaufen, hören wir auf unser Bauchgefühl. Wir mäßigen uns und vertrauen unserer Erfahrung.

TRANSZENDENZ

Betrachten wir nun die letzte der sechs Tugenden, die Transzendenz. Es mag überraschen, aber auch **Humor** und **Verspieltheit** gehören dazu. Bei näherer Betrachtung erkenne ich, dass auch diese beiden Eigenschaften viel Leichtigkeit ins Leben bringen. Mit Humor meine ich nicht, einen Witz nach dem anderen in die Welt zu schicken, sondern das Leben leichtzunehmen – sich selbst mal auf den Arm nehmen, über sich selber lachen können. Wenn ich über mich selbst lachen kann, hebt mich Humor über meine eigenen Grenzen hinweg. Ich gewinne eine neue Freiheit. Auch wenn mir jemand beim Autofahren den letzten Parkplatz wegschnappt, kann ich das mit Humor nehmen. Wir sind nicht dazu verpflichtet, uns zu ärgern. Menschen, die ihr Leben mit Humor nehmen, haben deutlich weniger Stress.

Humor hilft auch in unangenehmen Situationen. Dann, wenn wir nicht so richtig wissen, wie wir uns verhalten sollen. Da mit einem humorigen Satz zu hantieren, entspannt nicht nur einen selbst, sondern auch das Umfeld. Ich erinnere mich noch, wie ich mit dem sperrigen, aber hochmodernen Kinderwagen meiner Enkeltochter unterwegs war und mich damit so dusselig anstellte, dass es mir peinlich war. Ich blockierte eine Tür, durch die weitere Personen vor und auch hinter mir durchwollten. Als ich meinte: «Oh, für diesen Wagen hätte ich wohl doch einen Führerschein gebraucht», zauberte das den anderen ein entspanntes Lächeln ins Gesicht – und dadurch auch mir selbst.

Nicht nur in peinlichen Situationen, auch bei Angst kann auf Humor zurückgegriffen werden. Da löst das Lachen dann die Blockaden. Manchmal reicht es auch, an etwas Witziges zu denken, um sich von den beängstigenden Gedanken zu befreien. Einmal saß ich im Flugzeug neben einer Bekannten mit großer Flugangst. Ja, das Wetter war schwierig geworden. Mit Sprüchen wie: «Dafür muss man auf dem Hamburger Dom viel Geld bezahlen», habe ich versucht, sie abzulenken. Das gelang nicht gleich, und ich konnte ihr ansehen, wie ich sie nervte. Ich blieb aber dran: «Oh, das ist jetzt wie in der Wilden Maus – gleich sind wir ganz oben, kurz bevor man in die Tiefe saust. Da muss ich dann immer ganz doll schreien. Meinst du, wir können das hier auch?» Irgendwann wurde sie locker und lachte mit. Vorher war nur Schockstarre mit aufgerissenen Augen.

Verspieltheit ist etwas, das ich erst jetzt im Alter richtig ausleben kann. Als junge Frau war ich so gesellschaftlich angepasst, dass Verspieltheit für mich gar nicht in Frage kam. Nun mag ich diese spielerische Leichtigkeit sehr. Nicht alles so schrecklich ernst zu nehmen. Fünfe gerade sein lassen zählt für mich auch dazu. Ich liebe es, mit meinen Enkelkindern wieder die alten Kinderspiele zu spielen. Verstecken oder Teekesselchen. Auf der Straße im Gleichschritt laufen: ein Hut, ein Stock, ein Regenschirm – und vorwärts, rückwärts, seitwärts, ran, Hacke, Spitz, hoch das Bein! Dabei lachen wir uns kringelig und schaffen richtig Strecke.

Eine Charakterstärke, die wir sicherlich leichter mit Transzendenz in Verbindung bringen können, ist der **Sinn für das Schöne**. Alles, was uns glücklich macht, ohne einen Zweck zu erfüllen, gehört dazu. Jeder hat sicherlich ganz unterschiedliche Aspekte, bei denen ihm das Herz aufgeht, die ihn tief durchatmen lassen. Für den einen ist es die Natur, für den anderen die Lebendigkeit der Stadt. Viele finden das Schöne in der Kunst, in der Musik, zu der für mich auch das Vogelkonzert im Frühling zählt. Es ist all das, was nicht lebensnotwendig ist, was es als Geschenk gibt, um unsere Herzen zu erfreuen.

Um dieses Geschenk annehmen zu können, gilt es, dafür Raum zu schaffen. Es ist an uns, in unserem Leben für das Schöne Zeit bereitzustellen. Raum schaffen bedeutet auch, unsere Achtsamkeit dahin zu lenken. Das Schöne fällt leider so schnell unter den Tisch.

Wenn wir von Geschenken reden, sind wir schnell bei dem Thema **Dankbarkeit**. Bei dieser Charakterstärke handelt es sich um einen sehr großen Glücklichmacher. Dankbar zu sein für das, was man hat. Abends all das aufzuschreiben, wofür man am Tag dankbar war, verhilft zu einer neuen Blickrichtung. Die Probleme schieben sich gerne in den Vordergrund, weil da am nächsten Tag noch Handlungsbedarf besteht. Umso wichtiger ist es, dass die schönen Dinge, die auch passiert sind und für die wir dankbar sind, nicht verlorengehen.

Es gibt da eine kleine Übung: Schaue dich zwei Minuten im Raum um und spüre dort alles Blaue auf. Dann schließe die Augen und versuche dich zu erinnern, was denn alles gelb war. Und siehe da, darauf hatte man gar nicht geachtet. Daher kann man es auch nicht benennen. So ist es auch mit den schönen Dingen des Lebens – wir nehmen sie nur wahr, wenn wir bewusst hinschauen. Es wäre doch schade, wenn wir unser Leben nur deshalb nicht als schön und sinnvoll empfinden, weil wir nicht richtig hingeschaut haben.

Erkennt man das Schöne im Leben, ist man sicherlich auch empfänglicher für **Hoffnung** und **Optimismus**. Manchmal erlebe ich es, dass diese Charakterstärken belächelt werden. Ich bekomme dann Sätze zu hören wie «Jaja, die Hoffnung stirbt zuletzt» oder «Du bist auch ein unverbesserlicher Optimist». Die Hoffnung wird einem nicht selten ausgeredet von Menschen, die sagen: «Ich bin nun mal Realist.» Dabei verfügen wir alle nur über unseren eigenen Erfahrungsraum. Für mich ist immer auch etwas darüber hinaus möglich, das ich selbst bislang bloß noch nicht kenne. Auch der Realist kann doch eigentlich nur sagen: «Nach meinen bisherigen Erfahrungen kenne ich hier noch keine Lösung.» Aber es mag über seinen Kenntnishorizont hinaus Möglichkeiten geben, die in dieser Situation helfen können. Ist es nicht ein bisschen überheblich zu glauben, man kenne alle Optionen? Ich habe also immer diese Grundhoffnung, selbst wenn ich sagen muss: Hier fällt mir nichts mehr ein.

Das ist auch wieder so ein Vorteil des Alters: Im Rückblick erkennt man, in wie vielen Situationen man schon mit seinem Latein am Ende war, und trotzdem gab es später eine Lösung. Oft wundert man sich dann, dass man nicht selbst darauf gekommen ist. Im Rückblick erscheint es einem ganz einfach. So kann ich auch überhaupt nicht verstehen, dass

Ärzte von hoffnungslosen Fällen sprechen. Solche Aussagen können immer nur deren Erfahrungshorizont betreffen und nie allgemeingültig sein.

Ich formuliere Hoffnung gerne noch etwas schärfer als Vertrauen. Ich hoffe also nicht nur, dass eine Situation besser wird, sondern ich «stelle den Fuß drauf» und sage mit großer Gelassenheit: «Ich vertraue darauf, dass es besser wird.» Dieses Vertrauen bedarf meiner Entscheidung, es fällt nicht vom Himmel. Wir wissen es doch – aufgeben ist keine Option. Wenn wir aufgeben, dann ist die Chance, dass sich etwas zum Guten ändert, sehr gering. Denn wir haben in unserem Unterbewusstsein so viele Antennen, die Selbstheilungskräfte aktivieren, wenn sie die entsprechenden Signale empfangen. Diese Energie wird zurückgehalten, wenn das Signal «Sie gibt auf» aufleuchtet.

Es gibt verschiedene Denkmuster, die uns dabei helfen können, die Hoffnung nicht zu verlieren. Ich erinnere mich noch gut an die Enttäuschung meines ältesten Sohnes, der fast schon die Zusage für eine Mietwohnung in der Tasche hatte, als diese doch in eine Eigentumswohnung umgewandelt wurde. Später sagte er: Wie bin ich froh, dass es damals mit der Wohnung nicht geklappt hat, denn jetzt habe ich eine viel bessere. Diese Möglichkeit immer im Hinterkopf zu behalten erleichtert die Hoffnung. «Wer weiß, wozu es gut war» – dieser Gedanke gibt auch mir die Kraft, optimistisch nach vorn zu schauen.

Und schon sind wir bei der letzten Charakterstärke angekommen, der **Spiritualität**. Ein schwieriges Wort, das sowohl von der Philosophie als auch von der Theologie interpretiert wird. Wir sind alle in eine Struktur hineingeboren, die sich mit Spiritualität entweder gar nicht befasst hat – dann hat man sich als Jugendlicher vielleicht selbst auf die

Suche begeben – oder einen schon von Kindesbeinen an damit vertraut gemacht hat.

Oft stellen sich die Fragen in schwierigen Zeiten, wie bei Krankheit, Jobverlust oder Liebeskummer: Was ist der Sinn meines Lebens? Woher komme ich, wohin gehe ich? Wo kann ich mich getragen fühlen? Wie gehe ich mit der Endlichkeit meines Lebens um? Das alles will beantwortet werden. Oder besser gesagt: Wenn man auf diese Fragen Antworten hat, dann geht man deutlich leichtfüßiger durchs Leben.

Hier mal ein profanes Beispiel: Wenn ich als Jugendlicher gelernt habe, das eigene Moped zu reparieren, und auch bei Vater zugeschaut habe, wie er dieses oder jenes an seinem Auto selbst richten konnte, so wird diese Kenntnis nicht ausreichen, wenn ich mit Ende dreißig etwas Ähnliches versuche. Wir werden uns dann sicherlich fachmännische Hilfe suchen. Da hängen wir uns rein, besorgen uns Bücher, informieren uns im Internet, um auf den neusten Stand zu kommen.

Auch bei den Themen Glaube, Sinn des Lebens, Leben nach dem Tod müssen wir feststellen, dass unser Kinderglaube nicht belastbar ist. Er genügt unseren heutigen Ansprüchen nicht mehr. Gibt uns keine Antworten auf die Fragen, die sich uns mit Ende dreißig stellen. Anders als unsere Mopedkenntnisse fällt der Glaube, den wir als Kinder hegten, schnell in die Kategorie «Kinderkram» – und das, obwohl er unseren damaligen Bedürfnissen gerecht wurde und es daher gar nicht verdient, so abgeurteilt zu werden.

Es gibt Situationen in unserem Leben, wo diese Themen in Vergessenheit geraten. In meinen Zwanzigern waren sie auch bei mir nicht dran. Da war alles neu: Partnerschaft, Berufsfindung, Umzug, neue Freunde. Ich wurde in einen christlichen Haushalt hineingeboren und hatte auch später nichts gegen Gott, er war mir nur irgendwie abhandengekommen. Erst als die Nachbarin starb und mein kleiner Sohn mich fragte: «Wo bist du, wenn ich sterbe?», wusste ich, hier muss ich was tun. Auch für mich war das, was von meinem Kinderglauben hängengeblieben ist, nicht ausreichend. Dazu kam noch der frühe Tod meines Vaters, der für mich traumatisch gewesen war. Ich wollte diese Probleme nicht an meinen kleinen Sohn weitergeben. Also habe ich mich auf den Weg gemacht und meinen Glauben neu erobert.

Es ist wieder etwas, was man aktiv selbst machen muss. Der Glaube fällt nicht vom Himmel – jedenfalls geht das den meisten so. Ich habe mir Gesprächspartner gesucht, die ich für kompetent hielt. Das waren Mönche eines mir bekannten Klosters und andere Menschen, die sich in ihrem Glauben getragen fühlten. Ich habe viele Bücher zu dem Thema gelesen. Die Struktur Kirche von meinem Glauben abgekoppelt. Denn Kirche wird von Menschen gemacht, und da läuft einiges schief. Ich musste mich immer wieder innerlich distanzieren, damit mein Gottvertrauen davon unberührt blieb. Zu wissen, dass es einen Gott gibt, der mich liebt, macht mich stark.

Ich weiß, es wird viel Energie aufgewandt, um zu beweisen, dass es keinen Gott gibt. Es ist ja auch nicht leicht mit diesem Glauben. Eigentlich fände ich es sogar komisch, wenn mein kleiner Verstand die Größe Gottes erfassen könnte.

Aber wirft nicht auch die Urknall-Theorie Fragen auf, die man mit dem Verstand nicht beantworten kann? Wenn es hierbei um Materie, Raum und Zeit geht, so frage ich mich, wo all das herkommt. Doch selbst wenn ich das ignoriere und sage: Ja, so war es, dann frage ich mich, wie kommt die Liebe in die Welt? Wieso akzeptiert man die Unerklärbarkeit mancher Aspekte der Urknall-Theorie, die des Glaubens jedoch nicht? Aber das entscheidet ja zum Glück jeder für sich.

Hier möchte ich Mut machen, sich noch einmal mit dem Thema zu beschäftigen. Man hat doch nichts zu verlieren, kann nur gewinnen. Kirchenstrukturen und -verfehlungen haben sicherlich ein ganz schlechtes Licht auf den Glauben geworfen und zu Ablehnung geführt. Das kann ich wie gesagt sehr gut nachvollziehen. Aber eigentlich hat es mit dem Glauben nichts zu tun. Bei Spiritualität geht es um die Beziehung, die man zu Gott lebt.

Auf einer Lesereise wurde ich gefragt, wie ich mit der Endlichkeit meines Lebens umgehe. Mir fiel das Künstlerehepaar Christo und Jeanne-Claude ein, die für zwei Wochen in Berlin den Reichstag verhüllt hatten. Meine Freundin wollte unbedingt dahin, und ich habe mich breitschlagen lassen. Ich saß auf dem Rasen vor dem verhüllten Reichstag und staunte. Ich wusste, so etwas hat es noch nie gegeben, und wahrscheinlich würde es vorerst nicht wieder geschehen – aber ich sitze jetzt davor und kann es bestaunen. Ich fühlte mich wie ein Sandkorn in der Galaxie – auserwählt für dieses großartige Ereignis. Seinen Wert hatte es durch die Vergänglichkeit bekommen.

So empfinde ich auch jeden Tag. Wenn wir endlos viele Tage hätten, was wäre dann ein einzelner Tag wert? Gar nichts. Erst durch unsere Endlichkeit ist jeder Tag so kostbar, so unwiederbringlich einzigartig. Es hat mich ehrfürchtig gemacht, so auf mein Leben, auf jeden einzelnen Tag zu schauen. Es kostet uns sehr viel Kraft, dem Thema Tod immer wieder aus dem Weg zu gehen. Dabei ist nichts so gewiss wie der Tod. Er gehört zu unserem Leben dazu, ob wir wollen oder nicht. Diese Endlichkeit verpflichtet mich, mit meiner Lebenszeit sorgsam umzugehen. Sie zu genießen, sie nicht einfach abzuhaken. Für mich mit meinen 71 Jahren ist sowieso jeder Tag ein Geschenk des Himmels. Es gibt genug Menschen, die dieses Alter nicht erreicht haben. Also werde ich mir meine Tage doch nicht mit Jammern vermiesen. Sich diesem Thema zu stellen setzt Kräfte frei. Mit Gottvertrauen durchs Leben zu gehen bringt Leichtigkeit.

Schreibe dir von diesen Charakterstärken diejenigen raus, die du bereits lebst. Sollte eine Tugend nicht bedacht sein, so schau, welche der dazugehörigen Charakterstärken dir am meisten entspricht und wo du sie in deinem Leben einsetzen könntest.

BEZIEHUNGEN

Weißt du eigentlich, wie leicht es ist, Beziehungen zu gestalten?

*M*ir war lange nicht bewusst, wie wichtig Beziehungen für ein glückliches Leben sind. Ich nahm sie als selbstverständlich hin, hab sie genossen, wenn sie gut waren, und sie sausenlassen, wenn sie mir nicht mehr entsprachen. Ich wusste nicht, dass ich selbst so viel für Beziehungen tun kann und wie sehr gerade sie zu meinem Glück beitragen.

Seit 1940 erforschen Wissenschaftler der Universität Harvard die Frage, was uns im Leben glücklich und gesund hält. Das Ergebnis hat meinen Verdacht bestätigt: Wir suchen unser Glück an der falschen Stelle. Mir erscheint diese wohl weltweit größte Studie zum Thema Glück so wichtig und einmalig, dass ich sie hier etwas genauer beschreiben möchte. Ich lehne mich dabei an einen Vortrag von Robert Waldinger an, dem gegenwärtigen Leiter des Forschungsprojekts.

Befragt wurden 724 junge Männer, aufgeteilt in zwei Gruppen. Einmal waren es Studenten im zweiten Studienjahr an der Harvard-Universität. Die zweite Gruppe waren Jungs aus Bostons ärmstem Stadtteil. Der familiäre Hintergrund und der Gesundheitszustand all dieser Jugendlichen wurden erfasst. Klar fragte man zu Beginn, was für sie ein glückliches Leben ausmachte. 80 Prozent der Probanden nannten Reichtum, und für 50 Prozent garantierte Berühmtheit ein glückliches Leben. Oder allgemein: Karriere, Ruhm und Ehre.

Das Besondere an dieser Studie ist, dass die Teilnehmer nicht einmalig befragt, sondern über viele Jahre hinweg begleitet wurden. Man erkundigte sich regelmäßig nach ihrer Arbeit, ihrem Familienleben und ihrer Gesundheit. Befragt wurden nicht nur die Probanden selbst, sondern auch ihre Familienangehörigen und Freunde. Ebenso konnten ihre Krankenakten eingesehen werden. 2015 beteiligten sich noch sechzig Teilnehmer an der Studie, bevor diese nach rund 75 Jahren ihr natürliches Ende erreichte.

Nahezu alle Berufe waren vertreten, aus jungen Männern wurden Fabrikarbeiter, Anwälte, Maurer, Ärzte. Einer wurde Präsident der Vereinigten Staaten von Amerika. Sie kletterten die soziale Leiter von ganz unten bis nach ganz oben. Andere wählten den umgekehrten Weg.

Was ist nun die Lehre Nummer eins aus dieser umfangreichen Studie? Viele Jahrzehnte der Forschung belegen: Gute Beziehungen machen den Unterschied – unabhängig von Reichtum und Gesundheit. Sie machen uns glücklich.

Es zeigte sich, dass Menschen, die eng verbunden sind mit ihrer Familie, mit Freunden, mit Kollegen, mit der Gemeinschaft, glücklicher und gesünder sind und außerdem auch länger leben. Die glücklichsten Rentner der Studie waren die, die Kollegen durch neue Freunde ersetzt hatten. Menschen, die öfter alleine sind, als sie selbst wünschen, sind weniger glücklich. Ab der Mitte ihres Lebens nehmen Gesundheit und Gehirnfunktion stärker ab als bei Menschen in funktionierenden Beziehungen. Sie sterben früher als Menschen, die sich nicht einsam fühlen. Wir wissen, dass man in der

Menge einsam sein kann, genauso wie in der Ehe. Es hat also nicht unbedingt etwas mit Alleinsein zu tun. Mit mir allein zu sein, ist absolut nötig für mein Glück, jedoch fühlte ich mich teilweise in meiner Ehe sehr einsam und unverstanden.

Eine weitere Erkenntnis der Studie war, dass die Qualität der Beziehungen den Ausschlag gibt und nicht die Anzahl der Freunde oder ob man eine feste Partnerschaft hat oder nicht. Ständig im Konflikt zu leben ist nicht gut für die Gesundheit. Konfliktreiche Ehen ohne Liebe und Vertrauen können der Gesundheit mehr schaden als eine Scheidung. Gute Beziehungen müssen deshalb nicht immer reibungslos verlaufen. Manche Paare können täglich aneinandergeraten und sind trotzdem glücklich. Sie wissen, dass sie sich auf den anderen verlassen können. Gute, aufrichtige Beziehungen schützen vor Krankheit.

Das erklärt auch, wieso Menschen, die mit 50 Jahren in ihren Beziehungen am zufriedensten waren, im Alter von 80 Jahren am gesündesten waren. Faszinierend ist, dass sie es blieben, auch wenn sie körperliche Schmerzen hatten. Die Stimmung der Einsamen hingegen veränderte sich durch Schmerzen.

Aber warum ist es so schwer, gute Beziehungen zu führen? Wir wollen schnelle Lösungen und schnellen Erfolg, Beziehungen jedoch sind chaotisch und kompliziert. Es ist harte Arbeit, enge Beziehungen zur Familie und zu Freunden zu pflegen. Es ist eine Lebensaufgabe.

WIE SIEHT ES IN DEINEM LEBEN AUS?

Wenn ich mir mein eigenes Leben anschaue, dann kam meine Ehe schon nach einigen Jahren deutlich zu kurz. Da war so viel anderes, das mir wichtig erschien. Ja, auch ich strebte nach den vermeintlichen Glücksbringern Karriere, Haus, Auto, Reisen. Vermutlich gingen mein Mann und ich davon aus, dass die Beziehung gefestigt war und keiner weiteren Pflege bedurfte. Dass der Partner es schon versteht, wenn man keine Zeit für Gemeinsamkeit hat, schließlich verfolgt er ja die gleichen Ziele. Auch heute beobachte ich das bei jungen Leuten, und zwar in zugespitzter Form. Das Rad bei der Arbeit und bei den vielen zu erledigenden Sachen dreht sich noch schneller. Beziehungen brauchen Zeit – und zwar ohne jede Ablenkung. Nicht die gemeinsame Zeit vorm Fernseher zählt, sondern das aufrichtige Interesse am anderen, an seinen Gedanken und Gefühlen.

Doch wohin gehen die ganze Energie und Anstrengung? Die Karriere steht an oberster Stelle – wer kommt da noch mit acht Stunden Arbeitszeit aus? Wir sind immer im Stress, möchten abends in Ruhe vor dem Fernseher sitzen und wundern uns, wenn die Ehe den Bach runtergeht. Und was wird da alles angeschafft? Wir verschulden uns für die eigenen vier Wände, für das größere Auto und die prachtvolle Reise. Doch wir investieren an der falschen Stelle. Das alles macht nicht glücklich, wie die Harvard-Studie so wunderbar beweist. Es gibt zu viele einsame Menschen – ganz gleich, ob in der Ehe oder außerhalb. All unsere Energie sollte in die Beziehungen unseres Lebens fließen.

Doch selbst wenn wir wissen, worauf es ankommt, fällt es uns noch schwer, unsere Energie entsprechend umzuleiten. Unser Alltag ist ein Allesfresser. Auch als Rentner ist es kein

Leichtes, die Beziehungen in den Mittelpunkt zu stellen. Wir sind zu schnell abgelenkt, hier noch schnell dies erledigen und dann das. Unseren Beziehungen wirklich den Stellenwert im Leben zu geben, der ihnen gebührt, ist kein Kinderspiel. Wenn wir bei Zeitstress die Qual der Wahl haben, was wir tun sollen, hilft vielleicht die Frage: Tut das meiner Beziehung gut, muss das jetzt wirklich sein? Auch jetzt, wenn sich Termine im Kalender knubbeln, entscheide ich mich heute für die Beziehung – zur Freundin genauso wie zur Familie. Früher hätte ich diese Termine doch eher verschoben mit der Begründung, diese mir so nahestehenden Personen werden es schon verstehen.

WAS MACHT EINE GUTE BEZIEHUNG AUS?

Beziehungen haben so viele Facetten, und die Wunschliste ist sicherlich endlos. Wahrscheinlich wünschen wir alle uns jemanden, der uns schützt wie ein sicherer Hafen. Der uns nach einer Fahrt auf stürmischer See Geborgenheit gibt, der uns nimmt, wie wir sind. Mal Verlierer, mal Gewinner, mal am Ende unserer Kräfte und mal vor Kraft übersprudelnd. Einen Ort, an dem man verletzbar sein und von seinen Ängsten reden kann, ohne dafür ausgelacht zu werden. Jemanden, dem man auch von seinen Siegen erzählen kann, ohne dass der andere sich klein fühlt. Der sich mitfreut und einem auch in den traurigen Zeiten des Lebens zur Seite steht. Der uns versteht, auch wenn er eine Situation anders sieht und selbst nicht leiden oder jubeln würde.

Und da taucht die Frage auf: Sind wir denn selber so ein Hafen für andere, für den Partner, die Kinder, für Freunde und Kollegen? Wer kann zu mir kommen ohne Maske, sich öffnen in dem sicheren Gefühl, von mir verstanden zu werden? Halte ich es überhaupt aus, von diesen Sorgen zu hören und doch nicht helfen zu können? Da sein, einfach nur da sein, ist kostbar und zugleich ziemlich schwer.

Früher habe ich die Bücher des Psychologen Peter Lauster verschlungen, die mir klarmachten: Liebe stellt keine Bedingungen. Sie sollte nicht an bestimmte Taten oder Verhaltensweisen geknüpft sein. Kleine Kinder zum Beispiel liebt man vorbehaltlos, einfach nur, weil sie da sind. Liebe ohne Gegenleistung ist die eigentlich echte.

Die Person, die mein Hafen ist, ermöglicht mir zugleich, mich selbst zu lieben. Sie zeigt mir meine liebenswerten Seiten. Auch das muss mir klar sein: Die wichtigste Beziehung ist die zu mir selbst. Wenn du eine gute Beziehung zu dir selbst hast, kannst du die Welt aus den Angeln heben. Wenn dir dieser Satz sehr fremd erscheint, dann lohnt es sich, da mal kurz innezuhalten. In deinem Leben gibt es keine wichtigere Person als dich selbst. Du hast dieses Leben als Geschenk bekommen und damit auch die Verpflichtung, das Beste daraus zu machen. Erwarte dieses Beste vom Leben, es steht dir zu. Das ist einer meiner Lieblingssätze geworden. Er wird dir in diesem Buch noch öfter begegnen. Das, was wir erwarten, ziehen wir tatsächlich an. Aber dazu an anderer Stelle mehr.

SELBSTLIEBE

Ich gehörte lange zu der Sorte Mäuse, die der Meinung waren, Selbstliebe sei egoistisch. Dabei kannte ich immer schon den Satz: Liebe deinen Nächsten wie dich selbst. Darin wird eigentlich klar, wie Beziehungen funktionieren können.

Es bedarf wirklich einer bewussten Entscheidung, dieses alte Muster über Bord zu werfen. Denn wir können andere gar nicht lieben, wenn wir uns nicht selbst lieben. Wie sagte Erich Fromm noch: «Es stimmt, dass selbstsüchtige Menschen unfähig sind, andere zu lieben; sie sind jedoch genauso unfähig, sich selbst zu lieben.» Also sind das zwei völlig verschiedene Paar Schuhe: Selbstsucht und Selbstliebe.

Mit mir bin ich Tag und Nacht zusammen. Mich so zu akzeptieren, wie ich bin, mit mir in Harmonie zu leben und mit mir im Reinen zu sein, all das entspannt ungemein. Wenn da nur dieser innere Kritiker nicht wäre! Ich bin mit meinem bestens vertraut. Er gab in jungen Jahren ungefragt seinen Senf dazu, wenn ich Ideen hatte, die Wirklichkeit werden wollten. Keiner kennt die eigenen «Fehler» so gut wie man selbst, das geht uns vermutlich allen so. Aber woher kommt denn die Festlegung, was ein Fehler ist? Folgen wir da nicht vielleicht noch unseren alten Denkmustern? Wir können dies und jenes nicht, tragen wir noch aus Kindertagen mit uns herum. Weg mit diesen abgespeicherten Mustern! Selbst wenn sie damals richtig waren – sie haben heute keine Gültigkeit mehr.

Ich hatte irgendwann die Nase voll davon, mein eigener Spielverderber zu sein. Habe dem Kritiker auf meiner Schulter den Schnabel zugeklebt. Sah dieses Bild tatsächlich vor mir. Überlegte bei solchen Zwischenkommentaren, ob ich da wirklich zuhören muss. Ich wurde immer mutiger, nach meinen eigenen Wünschen und Vorstellungen zu leben. Im Alter wurde ich dann erst richtig frei. Nie, wirklich nie war ich so frei wie heute. Ich liebe es, wie ich lebe. Kram auch du mal das Klebeband heraus, um deinen Kritiker zum Schweigen zu bringen. Versuche, deinen alten Denkmustern auf die Schliche zu kommen.

Die Opferrolle nehmen wir nur allzu gerne an, erscheint es uns doch einfacher, anderen die Schuld in die Schuhe zu schieben. Aber das macht unfrei: «Mein Vater oder mein Lehrer oder mein Chef hat mich immer so schlechtgemacht, dass ich mich nicht selbst lieben kann und nur meine Fehler sehe», ist oft die schnelle Erklärung. Aber so läuft es nicht. Bei der Selbstliebe bist du Objekt und Subjekt zugleich – ein anderer hat da kein Mitspracherecht. Es ist eine Sache zwischen dir und deinem Bewusstsein. Und wenn nur du beteiligt bist, dann liegt die Lösung auch nur in deiner Hand.

Das Leben wird um einiges leichter, wenn wir uns selbst so behandeln wie unseren besten Freund. Dazu gehört auch, uns selbst Missgeschicke verzeihen zu können, uns zu trösten, wenn wir traurig sind, und uns immer mal wieder etwas Gutes zu tun.

Natürlich kenne ich das: Wenn der Schreibtisch allzu voll ist, werden zuerst die Sachen gestrichen, die zu meinem Vergnügen gedacht waren. Ein Museumsbesuch, Sport, eine Freundin treffen. Dabei sollten wir uns lieber vor Augen führen, wie viel schneller, kreativer und energievoller wir unsere Arbeit erledigen könnten, wenn wir besser für uns selbst sorgen würden.

Ist es in deinen Augen egoistisch, für sich selbst wie für eine gute Freundin zu sorgen? Mit diesen Gedanken bin ich wie gesagt auch groß geworden. Wenn man ein bisschen tiefer gräbt, spürt man aber, dass man gar nicht für andere sorgen kann, wenn es einem selbst schlechtgeht. Es ist wie im Flugzeug: Im Notfall sollte man erst selbst die Sauerstoffmaske aufsetzen und erst dann dem Sitznachbarn helfen. Hier verstehen wir, dass, wenn wir selbst nicht versorgt sind, wir auch schnell als Helfer für andere ausfallen.

Es ist natürlich eine wundervolle Eigenschaft, dass uns das

Wohl der anderen am Herzen liegt. So hatte das Wohl meiner Kinder für mich immer die oberste Priorität. Als mein zweites Kind ein Jahr alt war und mein erstes drei, stieß ich wegen des Schlafmangels an meine Grenzen. Ich war völlig fertig und brach in Tränen aus. Mein Mann nahm daraufhin Urlaub, sodass ich eine Woche alleine verreisen konnte. Nur für mich zu sein war herrlich. Ich hatte mich großartig erholt und wollte nie wieder in den schlimmen Zustand zurück. Also habe ich begonnen, achtsamer mit mir selbst umzugehen. Die kleinen Zeitinseln, wo ich nur für mich sein konnte, ganz bewusst zu suchen. Ich hatte begriffen: Nur ich war für mein Wohlsein verantwortlich, und erst wenn ich dieser Verantwortung nachkam, konnte ich meinen Kindern die Mutter sein, die sie brauchten. Von Egoismus kann hier also nicht die Rede sein.

Ein erster Schritt Richtung eines liebevollen Umgangs mit sich selbst könnte sein, sich am Abend mal zu fragen: Was habe ich mir heute Gutes getan? Achtsam in sich reinzuspüren, ob das, was man da tut, wirklich gut für einen ist. Empfinde ich den geplanten Treff mit den Sportskollegen noch als aufbauend, oder wird da nur gelästert, gejammert, verglichen? Unser Bauchgefühl kann uns die Frage schnell beantworten, ob es uns die letzten Male gutgetan hat, dabei gewesen zu sein.

BIST DU DIR SELBST GENUG?

Kannst du eigentlich gut mit dir alleine sein? Bist du dir wertvoll genug? Oder brauchst du immer eine Ablenkung von dir selbst, und sei es nur durch den Fernseher? Mit sich selbst klarzukommen ist eine kostbare Gabe.

Selbstliebe funktioniert einfacher, wenn du dir bewusst machst, wie wertvoll du bist. Dass es auf der ganzen Welt keinen gibt, der so ist wie du. Der so liebt, so leidet, so grübelt oder jubelt wie du. Du hast einen Wert in dir selbst, und der ist unkaputtbar. Kein Mensch kann ihn zerstören. Es ist so ähnlich wie mit einem Geldschein, der in den Matsch fällt. Auch er behält seinen Wert. Genau wie du, egal, wie man dich im Laufe deines Lebens behandelt hat. Dein Wert liegt nicht in dem, was du tust, oder den Dingen, die du besitzt; er liegt in deiner Einmaligkeit. Dieser Gedanke hat mir in schweren Zeiten sehr geholfen. Du hast einen Wert mit auf die Welt gebracht – sei dir dessen bewusst!

BEZIEHUNGEN UND DENKMUSTER

Denkmuster prägen nicht nur die Beziehung zu uns selbst. Ich weiß noch, wie es war, als wir die Namen unserer Babys aussuchten. Wenn mein Mann einen Vorschlag machte und ich eine schwierige Person kannte, die so hieß, dann war der Name gleich vom Tisch. Kam gar nicht mehr in Frage. Auf diese Weise transportieren wir unsere Erinnerungen auf andere Menschen.

Wie sehr ist doch unser Umgang mit Menschen von unseren Denkmustern belastet. An wen erinnert mich diese Person? Das kann der Nachbar sein genauso wie der Verkäufer im Supermarkt. Unser Verhalten anderen gegenüber wird nicht selten durch äußerliche Ähnlichkeiten beeinflusst: Ein kleiner, dunkelhaariger, unscheinbarer Mann hat mich als Kind unterdrückt – ob es der Vater war oder jemand aus dem weiteren Umkreis, spielt keine Rolle –, und schon schaltet mein Unterbewusstsein auf «Vorsicht», wenn mir jemand mit diesen äußeren Merkmalen begegnet. Mit dieser Person werde ich vermutlich deutlich zögerlicher umgehen, als es sonst meine Art ist. Damit tue ich auch mir keinen Gefallen, denn leider gilt auch in diesem Fall: Wie ich in den Wald hineinrufe, so schallt es zurück.

Umgekehrt erinnert uns vielleicht eine wildfremde Person an jemanden, den wir sehr gerne mögen, und schon bringen wir ihr Wohlwollen entgegen. Das wird das Kennenlernen erleichtern, kann aber auch zu Enttäuschungen führen, wenn die Erwartungen nicht erfüllt werden. Vorurteilsfrei, mit offenen Armen und offenem Herzen auf andere Menschen zuzugehen, das bereichert mein Leben ungemein.

Ich habe in meinem Leben oft im Nachhinein erkannt, was mir alles entgangen ist, weil ich eine Person nach «negativer Voreinstellung» meinerseits gemieden hatte. Ich schaue jetzt zweimal hin, wenn ich merke, dass ich zögerlicher oder abwartend mit anderen Menschen umgehe. Manchmal versuche ich schon, eine Person zu meiden, bis ich merke – halt, hier folge ich wieder alten Mustern. Dann kümmere ich mich erst recht um diese Person. Wie viele zauberhafte Menschen habe ich schon kennengelernt und mich innerlich für die abwertende Haltung geschämt, die ich ihnen gegenüber zuvor eingenommen hatte. Wenn man das oft genug erlebt hat – das ist im Alter der Fall –, dann hört man ganz schnell damit auf, Menschen in Schubladen zu stecken. In jenen anderer möchte man sich selbst ja auch nicht wiederfinden.

Doch manchmal haben wir uns mit der Zeit eben selbst auf ein bestimmtes Bild von uns festgenagelt. Ich glaube, wir alle haben eine Sehnsucht nach unseren übermütigeren Wesenszügen, die sich im Alltag oft versteckt halten. Das Leben verläuft meist in ermüdenden Bahnen. Doch da gibt es dieses Kind in uns, das nicht immer nur vernünftig sein will.

Denken wir mal daran, wie wir uns früher beim Tanzen ausgetobt haben. Ich auf jeden Fall. Mit Musik kann man sich öffnen, Emotionen freien Raum geben. Aber das geht auch ohne Musik und in der Begegnung mit anderen: das Leben perlen lassen, gute Laune wie Konfetti auf Menschen werfen. Wie toll ist es da, jemanden an der Seite zu haben, der das mit mir lebt? Der sich anstecken lässt von meinem Schwung und meiner Begeisterung. Ja, der mich auch manchmal ansteckt mit seiner sprühenden Lust auf Leben.

Zu einer guten Beziehung gehört also, die Energie des anderen aushalten zu können. Lasse ich mich von ihm mitreißen, kann ich mich entzünden an seinem Übermut? Oder bremse ich ihn aus, weil ich gerade in schlechter Stimmung bin? Ein wirklicher Partner hilft mir, meine Talente zu leben oder sie vielleicht erst einmal zu entdecken. Er macht mir Mut, meine Grenzen zu überwinden, und sieht das Schöne in mir – das wir uns manchmal gar nicht anzuschauen trauen aus lauter Bescheidenheit. Es ist begeisternd, dieser Mutmacher für andere zu sein. Man wächst Hand in Hand, jeder auf seine Art.

TOLERANZ

Für unsere Beziehungen brauchen wir eine große Portion Toleranz. Dieses Wort hat ja eine Fülle an Bedeutungen: großzügig, gütig, weit- und warmherzig sein – allesamt so schöne Eigenschaften.

Wenn man ganz allgemein schaut, dann hat sicherlich jeder eine ganz unterschiedliche Bandbreite an Toleranz. Sie ist sehr eng, wenn es darum geht: Der Starke vergreift sich am Schwachen. Da gibt es null Toleranz, was uns hoffentlich zum Handeln bringt und nicht in eine Schockstarre verfallen lässt. Oder man kann sehr großzügig sein, wenn es Eigenschaften betrifft, die andere nicht einschränken oder verletzen. Dieses «leben und leben lassen». Man sieht Verhaltensweisen, die einem zwar überhaupt nicht entsprechen, die man aber großzügig hinnehmen kann.

In Beziehungen weiß man immer nur selbst, wo man gerade nachgegeben hat oder tolerant war. Man sagt ja schließlich nicht immer: Das mach ich jetzt dir zuliebe. So kommt schnell der Eindruck auf, man selbst sei viel toleranter als der andere. Dem Gegenüber geht es sicherlich genauso. Und schon ist Unfrieden da. Sich bewusst zu machen, dass man Toleranz beim anderen häufig nicht sieht, entspannt die Beziehung.

Mit der Zeit konnte ich beobachten, dass sich meine Toleranzgrenze allmählich verschob. Als ich als Hausfrau und Mutter ehrenamtlich in der Schulkantine half, machte ich eine schöne Erfahrung. Ich war alle vierzehn Tage vor Ort und kannte die Kinder gut – wusste, was sie für liebenswerte Wesen waren. Eines Tages standen sie mit grün und rot gefärbten Haaren vor mir, mit zerrissenen Jeans und führten sich reichlich wild auf. Mir war jedoch klar: Ihr könnt machen, was ihr wollt, ich weiß trotzdem, wie großartig ihr seid! Ich konnte mit dieser kleinen Rebellion sehr gelassen umgehen, kannte ich doch die Kinder so, wie sie vor ihrer Verwandlung waren. Außerdem war mir klar, dass die Jugend immer schon, in allen Jahrhunderten, gegen Eltern und Gesellschaft protestieren musste. Das war ja eigentlich nichts Neues. Auch mein Ältester wollte damals, mit ungefähr vierzehn Jahren, zerrissene Jeans tragen. Ich habe mich breitschlagen lassen und seine neue Jeans mit Löchern und Fransen verunstaltet – oder, wie er meinte, veredelt.

Doch als ich eines Tages mit ihm in die Oper gehen wollte, stieß ich an meine Toleranzgrenze, denn er wollte genau diese Jeans anziehen. Nach einigem Hin und Her meinte ich: Wenn du die trägst, wirst du irgendwann in die Schulkantine kommen und auf dem Absatz kehrtmachen, weil es dir peinlich sein wird, wie ich aussehe. Er wusste, es war mein Ernst, und die Diskussion war vorbei. Wir hatten beide schnell erkannt, wo unsere eigene Toleranzgrenze verlief.

Meine heutige Sicht der Dinge ist allerdings eine ganz andere. Sollten irgendwann meine Enkelkinder in völlig schrägen Klamotten mit mir in die Oper gehen wollen, wäre es mir vollkommen egal. Nur das Erlebnis zählt für mich noch, nicht mehr das Äußere. Zu wissen, dass sich Toleranzgrenzen im Leben verschieben, könnte es uns schon heute erleichtern, aus der eigenen Starrheit herauszukommen. Und es macht mir deutlich, wie unglaublich viel mir entgeht, wenn ich in meinen jetzigen Normen steckenbleibe.

Den meisten Menschen fällt Toleranz merklich leichter, sobald sie auf Reisen sind. Ich erinnere mich noch an meine erste Fernreise, ich kam aus dem Staunen gar nicht mehr heraus. Zuvor hatte ich mir nie darüber Gedanken gemacht, dass die Farbe der Trauer auch Hellblau sein kann. Und auch die ganz anderen Tischsitten in China entsprachen so gar nicht meinem Empfinden. Ich lernte, dass ich es nicht zu bewerten hatte, wenn kleine Knochen im Mund abgelutscht und dann von dort auf das Tischtuch befördert wurden. In Japan fügte ich mich der Sitte, dass ein Ehepaar sich in der Öffentlichkeit nicht küsst. Es begleitete mich stets der Satz: Warum eigentlich nicht! Im Ausland fällt uns diese Einstellung sicherlich leichter, denn wir erwarten dort etwas Fremdes. Zu Hause aber soll bitte schön alles ablaufen wie gewohnt. Doch was entgeht uns dabei?

Ich mache es mal am Beispiel «lauter Nachbar» fest. Vielleicht läuft bei ihm der Fernseher zu laut, oder er schreit ins Telefon – was auch immer, es stört mich. Damit fällt er bei mir durchs Raster, und ich kann ihn nicht leiden. Würde ich den Grund für den Krach kennen, vielleicht seine Schwerhörigkeit, dann würde es mir die Sache sicherlich erleichtern. Dann hätte ich die Chance, den ganzen Menschen zu sehen. Durch meinen engen Blick verpasse ich vielleicht kostbare Freundschaften.

Von meiner Mutter konnte ich lernen, dass man sich auch im hohen Alter von starren Denkmustern befreien und Toleranz zeigen kann. Wir hatten einen regen Austausch, und meine Mutter machte mich liebevoll darauf aufmerksam, wenn sie der Meinung war, mein Verhalten sei in irgendeiner Weise nicht richtig. Doch sobald sie meine Gründe kannte, sagte sie oft: Du hast ja recht, auf diese Idee bin ich gar nicht gekommen.

Meist ist uns gar nicht bewusst, dass man Dinge auch ganz anders sehen kann. Die Mauern, die wir in unserem Leben bauen, verstellen aber den Blick auf sehr viel Schönes und Buntes. Wenn es uns gelingt, nach allen Seiten die Pforten offenzuhalten, neugierig zu schauen, was möglich ist, dann wird unser Leben lockerer und entspannter. Wenn ich heute darüber hinwegsehen kann, dass nebenan der Fernseher dröhnt, dann tue ich das nicht nur meinem Nachbarn zuliebe, sondern auch mir selbst. Toleranz macht mein Leben leichtfüßiger und aufregender.

Wie wohlwollend sind wir eigentlich Menschen und Situationen gegenüber eingestellt? Haben wir das Gefühl, uns schützen zu müssen, sobald uns etwas nicht gefällt? Vielleicht ist die Situation gar nicht schlecht, sondern einfach nur neu.

Im Berufsleben passiert es sicherlich häufiger, dass man mit Veränderungen – neuen Vorgesetzten oder neuen Abläufen – konfrontiert wird, ohne dass man nachvollziehen könnte, was zu diesen Entscheidungen geführt hat. In solchen Situationen baut sich schnell eine Sperre in uns auf, die uns selbst blockiert, uns die Arbeit und somit das Leben schwermacht. Auch hier könnten wir wohlwollend an die Situation herangehen und uns sagen: Ich durchschaue es bislang nicht, aber es hat bestimmt seinen Sinn.

Aus Kindertagen weiß ich mich noch sehr gut zu erinnern, dass ich meiner Mutter einmal einen Untersetzer für die Kaffeekanne basteln wollte. Ihr schon vorhandener Untersetzer, eine Kachel, war meine Vorlage. Ich bastelte etwas aus Pappe mit Wolle drauf. Das sollte nun flach gedrückt werden. Also legte ich mein Kunstwerk auf den Fußboden, platzierte die edle Fliese meiner Mutter darüber und stellte mich drauf. Es machte knack, und die Kachel zerbrach. Ich fand es gar nicht schlimm, schließlich hatte ich ja bereits für Ersatz gesorgt. Und meine Mutter konnte nachsichtig sein, weil sie meine gute Absicht kannte. (Allerdings muss ich einschränken: Es ist nicht immer eine Entschuldigung zu sagen, man habe es nicht bös gemeint. Man kann auch mit Gutem im Sinn sehr verletzen.) Um aber bei der Grundidee zu bleiben: Wir sollten uns vor Augen führen, wie wir im Alltag mit anderen umgehen. Passiert Kindern ein Missgeschick, werden sie selten gefragt, wie es dazu kommen konnte. Stattdessen werden sie ausgeschimpft. Und die Verkäuferin ist genervt, wenn ein Kunde sich zum x-ten Mal umentscheidet, dabei wird auch er seine Gründe haben.

Wohlwollend an etwas heranzugehen erleichtert unser Leben auf allen Gebieten. In der Partnerschaft, bei der Arbeit, unter Kollegen, in der Familie, mit unseren Kindern, aber auch an der Kasse im Supermarkt. Unsere eigene Toleranz ist uns natürlich vor allem präsent. Immer sind wir es, die nachgeben! Wir sollten jedoch wohlwollend davon ausgehen, dass die andere Seite es genauso macht wie wir. Obwohl wir es nicht wissen. Seit ich mich darauf verlasse, dass die Toleranz der anderen genauso groß ist wie meine, lebe ich deutlich zufriedener.

EIN FREUND, EIN GUTER FREUND ...

Einen Freund haben, ein Freund sein – welch Geschenk! Auch das ist eine so wichtige Beziehung in unserem Leben. Schon als Kind einen engen Freund zu haben macht ungemein stark. Dann kann man es mit dem Rest der Welt aufnehmen. Man plant zusammen allerlei Quatschkram und lacht sich schlapp, wenn's geklappt hat. Oder man leckt gemeinsam die Wunden, wenn man aufgeflogen ist und die Strafe folgt. Gemeinsamkeiten aus Kindertagen tragen die Freundschaft im Erwachsenenalter, auch wenn man Jahre nichts vom anderen gehört hat. Schwupp ist alles wieder da, fast ohne Worte.

Ja, das ist überhaupt ein Kennzeichen guter Beziehungen – einfach anknüpfen zu können an das letzte Treffen, auch wenn viel Zeit vergangen ist. Freundschaft hat ungemeine Energie, eine Kraft, dass man meint, die Energiekonzerne könnten sich was abzapfen. Ein Freund ist jemand, dem ich nichts vormachen muss und kann. Er freut sich mit mir und hört sich geduldig meine Leidensgeschichten an. Er versteht, wie ich mich fühle, auch wenn er es selbst ganz anders täte. Das Tollste ist: Er hält mich deshalb nicht für total übergeschnappt.

Ein Freund weiß, dass es verschiedene Welten gibt – und verschiedene Wahrheiten. Obwohl wir die gleiche Situation womöglich vollkommen unterschiedlich beurteilen, muss er mich nicht von seiner Sicht der Dinge überzeugen. Stattdessen bringt er vorsichtig eine andere Perspektive ins Spiel. Jeder hat seine Vorgeschichte, die durch alles hindurchscheint. Lange habe ich gebraucht, dies zu verstehen. Ich glaubte oft, es gäbe nur eine Wahrheit, nämlich meine ...

Lass uns Wahrheiten tauschen

lass uns unsere Wahrheiten tauschen
ich mit dir und du mit mir
an Luftballons schweben

die Welt mit deinen Augen verstehen
mit deinem Herzen fühlen
mit deinem Staunen füllen

seltsam – ich schaute doch auf die gleiche Welt wie du
und nun dies neue Bild
Schätze sammelt wer sich ergänzt und nicht bekämpft

möchte vor deiner Wahrheit staunen
spüren wie liebevoll
du meine betrachtest

mal möchte ich mich bei mir und mal bei dir wohler fühlen
ganz ohne Wertung – als Bereicherung
mal hörst du Walzer und ich Jazz vom gleichen Orchester

du malst die Welt in Blau an und ich in Gelb
was für eine Vielfalt
was für ein Gewinn

ja lass uns Hand in Hand über Gräben springen
nicht auf eine Wahrheit begrenzen, keine faulen Kompromisse
schließen – die Welten gehören uns.

Greta Silver
Aus dem Buch *Gedichte für Lebensfreude pur*

Ein Freund weiß mit meinen Eigenheiten umzugehen. Er behält das große Ganze im Blick und zieht keine falschen Schlüsse. Ein Freund ist da, wenn es brennt, und setzt sich auch unter den schwierigsten Bedingungen für mich ein. Ein Freund ist ein sehr großes Geschenk.

Ja, so ein Freund möchte man selber auch sein – denn nur mit Gegenseitigkeit funktioniert dieses Spiel unter Freunden. Sich selbst zurücknehmen, wenn der andere dran ist, oder sich schnell die Pingpongbälle zuschmettern bei Gedankenspielen in luftigen Höhen – wachsam sein, Zwischentöne raushören oder manchmal schon an der Körpersprache erkennen, dass etwas nicht stimmt.

DEMUT – EINE UNTERSCHÄTZTE KOSTBARKEIT FÜR UNSERE BEZIEHUNGEN

Sie nimmt den Stress, schenkt Freiheit, macht liebenswerter. Sie ist fast vergessen – in meinen Augen völlig zu Unrecht.

Ich muss gestehen, dass es in meinem Leben Zeiten gab, da ich glaubte, diese Eigenschaft gehöre nicht zu meinem

Naturell. Ich glaubte, Demut sei diese schicksalhafte Ergebenheit in etwas, das ich sowieso nicht ändern kann. Sich zu fügen, wenn das Leben einen dazu zwingt. Erst später habe ich verstanden, dass es auch eine freiwillige Demut gibt, die uns liebenswert macht.

Mich macht die Größe des Universums demütig. Wenn ich versuche, meinen Enkelkindern den Lauf der Natur zu erklären, ihnen zeige, wie aus der Kirschblüte fast unbemerkt eine Kirsche wird, werde ich demütig ob des großen Wunderwerks Natur. Da, wo ich staune, ist die Demut ganz nah. Zu fühlen, ohne sich klein zu machen, das verstehe ich heute unter Demut. Einfach anzuerkennen, dass es so viel Größeres, Besseres, Schöneres gibt.

Ich bin demütig dankbar für den für mich immer noch unfassbaren Erfolg von Greta Silver, die ich erst vor fünf Jahren ins Leben gerufen habe. Es haut mich um zu sehen, was daraus geworden ist.

Da, wo ich selbst entscheide, da wird Demut zur reifen Schwester vom großen Stolz. Demut balanciert etwas aus, macht Stolz erst erträglich. Natürlich darf ich stolz sein auf meine Erfolge, meinen Fußballverein, meine Stadt. Die Demut hilft mir, auch andere auf ihre Erfolge, ihre Stadt und auf ihren Verein stolz sein zu lassen. Sie führt raus aus dem Konkurrenzdenken und dem Stress, immer der Erste sein zu müssen. So lebt es sich deutlich entspannter. Ja, ich kann mich sogar für den anderen freuen. Seine Erfolge machen auch mich glücklich. Der andere wird es mir hoch anrechnen – ich gewinne also gleich zweimal.

Das Wort Demut läuft einem kaum noch über den Weg. Es ist altmodisch geworden. In meinen Augen ist Demut nicht das Gleiche wie Bescheidenheit. Sie enthält auch die Achtung vor den anderen, vor ihrer Größe.

WAS KANN ICH TUN,
UM MEINE BEZIEHUNGEN ZU PFLEGEN?

Es ist sicherlich jedem bewusst, dass den jammernden Menschen nicht unbedingt die Herzen zufliegen. Wenn wir richtig gut drauf sind, ernten wir deutlich mehr Sympathie. Doch was kann ich tun, wenn ich das Leben einfach nicht umarmen kann, sosehr ich es mir auch vornehme?

Meine Stimmung wird auch im Äußeren sichtbar. Wie innen, so außen. Es gilt zugleich das Umgekehrte: Wie außen, so innen. Indem ich mein Äußeres verändere, fühlt sich auch mein Inneres anders an. Im Englischen heißt es treffend: «Fake it till you make it.» Tu so, als ob du dich gut fühlst. Gehe mit aufrechter Körperhaltung durch die Straßen, und du wirst dich besser fühlen. Falls du dich fragst, ob das noch authentisch oder schon Schauspielerei ist, so kann ich dich beruhigen: eindeutig Ersteres, denn du hast dich mit diesem Trick selbst in eine bessere Stimmung gebracht, die du nun nach außen hin ausstrahlst.

Es gibt noch weitere Tricks.

Die Kraft eines Lächelns ist erstaunlich. Man kann tatsächlich messen, dass es unserem Immunsystem guttut, wenn wir lachen oder lächeln. Bei einem echten Lächeln sind schon nach zehn Sekunden positive Veränderungen messbar. Aber auch dann, wenn wir ohne Grund lächeln – also quasi eine Grimasse ziehen –, drücken wir mit unserer Mimik auf einen Nerv und lösen so ein Glückshormon aus. Das müssen wir jedoch 60 Sekunden am Stück durchziehen. So bauen wir Stress ab. Ich habe es ausprobiert, es funktioniert.

Ein weiterer Punkt, der dabei hilft, ein positives Miteinander zu pflegen, ist, sich für den anderen zu interessieren. Ich meine nicht die oberflächliche Frage «Wie war dein Wochenende?», und dann hört man schon nicht mehr zu. Ich meine das echte Interesse, eine Zuwendung mit allen Sinnen. Dieses auf Antworten eingehen, Anteil nehmen, vielleicht auch noch einmal nachfragen.

Ein kleines Beispiel: Kürzlich hatte ich einen Termin beim Arzt, das ganze Gespräch ging sehr schnell. Ich packte gerade meine Sachen ein, und der Arzt ging zur Tür, als ihm noch etwas Wichtiges einfiel. Während er es mir erklärte, lag seine Hand schon auf der Türklinke. Ich bat ihn, die Hand doch wenigstens in die Tasche zu stecken, damit ich nicht das Gefühl bekäme, im Galopp abgefertigt zu werden. Er war sehr betroffen und wandte sich mir zu. Wir wollen alle die volle Aufmerksamkeit des anderen. So fange ich am besten bei mir selber an, indem ich mich ganz meinem Gesprächspartner widme. Zum Beispiel gehe ich in jedes Gespräch mit der Überlegung, was ich tun kann, damit der andere sich wohl fühlt. Sogar in meinen Honorargesprächen hielt ich es so. Das heißt nicht, dass ich nicht selbst Ziele hatte, die ich erreichen wollte. Mir war lediglich bewusst, dass mein Gegenüber mir erst zuhören konnte, nachdem es seine Themen benannt hatte und ich signalisierte, alles verstanden zu haben. Auch wenn Freunde mich besuchen, frage ich mich vorher, was sie von diesem Treffen erwarten könnten. Ich stelle mich auf sie ein, versuche, mich an die Themen des letzten Gespräches zu erinnern. Das hilft sehr.

Der Versuch, auf den anderen einzugehen, kann jedoch auch schieflaufen. Ein Missverständnis, das häufig passiert: Jemand schildert eine schwierige Situation, und sein Zuhörer glaubt, er brauche einen Ratschlag. Das ist ein gefährlich Ding. Ratschläge sind auch Schläge! Sollte der andere diesen Rat nämlich nicht umsetzen, zum Beispiel, weil er nicht seinem Naturell entspricht oder weil die Situation gar nicht richtig erfasst wurde, so kann er später nicht mehr mit demselben Problem anklopfen. Dann heißt es: Hast du denn meinen Rat befolgt? Wenn nicht, ist man quasi selbst schuld. So werden Beziehungen schnell sprachlos. Dabei war der Ratschlag durchaus gut gemeint. Besser wäre es gewesen, einfach nur zuzuhören, Anteil zu nehmen, zu trösten, Mut zu machen und dann ganz vorsichtig eine Lösung vorzuschlagen.

LIEBE SCHAFFT ALLES

Ich komme ja aus der Zeit, als der bereits erwähnte Peter Lauster noch en vogue war. Ich verstand: «Liebe stellt keine Forderungen.» Grundvoraussetzung für eine erfüllende Partnerschaft sei es, dass beide auch ohne den anderen glücklich sein können. Da sehen wir wieder, wie wichtig die Selbstliebe für Beziehungen ist. Jeder ist in sich komplett, der Partner kommt als Sahnehäubchen hinzu. Wenn mein Partner hingegen die Erfüllung meiner Wünsche ist, dann mache ich ihn zum Objekt, dann «benutze» ich ihn. Wenn ich seinen Schutz brauche, um meine Angst zu bewältigen, seine Anwesenheit, um meine Einsamkeit zu vergessen, seine Fröhlichkeit, um meine Traurigkeit zu besiegen, dann behandele ich ihn – verzeih – wie einen Gebrauchsgegenstand. Ich weiß, das hört sich erst einmal schwierig an. Aber wenn man dem auf den Grund geht, dann wird es klar.

Man käme wohl kaum auf die Idee zu sagen: Ich liebe dich nur, wenn du keine Glatze bekommst. Nein, man liebt den anderen, egal, wie er aussieht. Denn du liebst so viel mehr – da ist die äußere Hülle lächerlich wenig. Du liebst seine Eigenschaften, seinen Blick auf die Welt, sein Lachen, sein

Denken, seine Menschenfreundlichkeit, seine Güte und und und. Wenn ich von Liebe rede, dann meine ich die, in die ich mich mit allen Sinnen reinwerfe, mich verletzbar mache. Da geht es um geistige Nähe genauso wie um emotionale Nähe. Nähe ist ein Sensibelchen. Auch das will bedacht werden. Nähe kann einengen – das macht unfrei. Es gilt, die nötige Distanz zu wahren, dem anderen Raum zu geben, um sich zu entfalten, er selbst sein zu können.

Nähe – ein Sensibelchen

Nähe aushalten
Warndreieck bei Fluchtdistanz
ratzfatz bin ich weg

liebe Nähe bis unter die Haut
wähle Menschen selber aus
denen ich vertrau

Nähe ist wie Bratapfel am offenen Kamin
Herzensfenster weit auf wie Muschelhälften
verletzbar

auf Zehenspitzen laufen
bei ganz nahen Menschen
Verletzbarkeit braucht Samthandschuh

gefährlich diese polternde Direktheit
die sich so kumpelig verstanden wähnt
zack gehen Muschelschalen zu – verschlossen

Nähe wird gewährt
nicht für Geld zu kaufen
ein empfindsames Geschenk

zu Nähe gehört Distanz
der frische Wind dazwischen ist die Kostbarkeit
die es zu schützen gilt

achtungsvolle Distanz
will verstehen – sich einfühlen
macht Nähe erst möglich

Greta Silver
Aus dem Buch *Gedichte für Lebensfreude pur*

Bei all diesem Zauber fangen wir manchmal an, uns selbst in Frage zu stellen. Genüge ich noch, so wie ich bin? Wir verändern uns im Laufe der Jahre, egal, ob wir wollen oder nicht.

Wir kennen es von unseren Freundinnen: Die neuen Falten und das Kilo mehr sehen wir doch gar nicht. Bei uns aber springen sie uns sofort ins Auge. Wir sind selbst unser größter Kritiker. Dem dürfen wir auch mal den Mund verbieten. Lass uns an uns selber glauben.

ÄLTERE FRAU – JÜNGERER PARTNER

Der Kritiker in uns quält uns auch bei diesem Thema. Was für gesellschaftliche Bilder müssen wir da aus unseren Köpfen rausschmeißen? Wovor genau haben wir solche Angst? Wir leiden unter unseren eigenen Normvorstellungen. Also schauen wir uns das mal genauer an. Um es gleich vorwegzunehmen: Ja, es steht dir zu, einen jüngeren Partner zu haben.

Wenn sich ein Mann gleich welchen Alters in dich verliebt, dann meint er doch genau dich. Du bist einmalig, es gibt keine Kopie, die zwanzig Jahre jünger ist. Nein, er hat sich in dich verliebt. Es gibt niemanden, der so lacht, so liebt, so leidet, so mitfühlend ist, so einen Schwung hat, so fürsorglich ist und vieles mehr. Dieser Mann findet dich weit und breit nicht noch einmal. Wenn du das verinnerlichst, dann wird schnell klar, dass eine Beziehung mit einem jüngeren Mann nichts ist, wofür man sich schämen müsste. Ja, er wird selbst wissen, worauf er sich einlässt. Er sucht niemanden – das ist schon mal klar –, der ihn im Alter versorgt.

In der Gesellschaft sei es längst selbstverständlich, dass ein Mann eine zehn oder fünfzehn Jahre jüngere Frau hat, zeigt eine Studie. Aber auch darüber hinaus – zwanzig Jahre Altersunterschied –, warum eigentlich nicht?

Im umgekehrten Fall, ältere Frau, jüngerer Mann, hat in der Regel nicht er das Problem mit dem Kopfkino, sondern sie. Sie liebt diesen wunderbaren jungen Mann – und meint, sie müsste aus Liebe auf ihn verzichten, damit er eine jüngere Frau findet. So funktioniert Liebe aber nicht.

Auch die Sorge, in späteren Jahren in Sachen Disco, Party nicht mithalten zu können, kann man getrost ins Freudenfeuer werfen. Mein Mann ist nur fünf Jahre älter als ich und hatte schon mit Mitte vierzig keine Lust mehr, irgendwo auszugehen. Tanzen, Party, Freunde – muss doch alles nicht sein, in seinen Augen. Das ist also nicht nur ein Thema für Paare mit einem großen Altersunterschied. Gemeinsam lachen, geistiger Austausch, die Welt verbessern oder gemeinsam aus den Angeln heben, geht immer – unabhängig vom Alter.

Ich habe viel lernen können aus einem wundervollen Film – lang ist es her, dass ich ihn sah. Ich kann mich nur noch an Fragmente erinnern, vor allem an eine alles klärende Szene.

Eine erfolgreiche Architektin, vielleicht Mitte fünfzig, verliebt sich in einen zwanzig Jahre jüngeren Mann. Es ist für beide die ganz große Liebe. Die Zuschauer aber können das Zögern der Frau sehen, diese Fragen: Steht mir das zu? Sollte ich ihm nicht eine Jüngere gönnen? Was denken die Leute? Was wird in zwanzig Jahren sein? Der Vater des jungen Freundes bringt es auf den Punkt: «Ich werfe Ihnen nicht Ihr Alter vor, auch nicht, dass ich nun nie mehr Enkelkinder bekommen werde – nein, das interessiert mich nicht –, ich werfe Ihnen vor, dass Sie der Liebe meines Sohnes nicht vertrauen.»

Der Film hat leider kein Happy End – unser Traumpaar trennt sich, und jeder leidet noch Jahre am Abschiedsschmerz. Es ist unsere Entscheidung, ob wir uns, der Liebe und dem Leben vertrauen wollen oder nicht. Es ist unsere Entscheidung, ob wir glücklich oder unglücklich sind. Diese Freiheit verleiht Flügel – manchmal aber raubt sie uns auch den Atem angesichts der Verantwortung, die sie mit sich bringt. Hier verlangt das Leben von uns Kühnheit.

Kühnheit leben

Kühnheit leben – an Wunder glauben
oft erlebt – nie beim richtigen Namen genannt
sie versteckt hinter Glück und Zufall

kleinkariert denkt – wer nur akzeptiert
was der Verstand erkennt – Quatschkram
spannend ist, was dahinter passiert – weg von Gewohnheit

raus in andere Galaxien – dem eigenen Wertemaßstab treu
es wenigstens probieren
kein späteres: hätt ich doch ...

Wunder brauchen den geschärften Sinn
über Gräben springen – im eigenen Kopf
Zäune, Grenzen sprengen, das Herz mitnehmen

ich scheitere nicht weil es außerhalb meiner Möglichkeiten liegt
ich scheitere weil ich es gar nicht erst versuch
grenz mich lieber selber ein – glaub nicht an mich

da muss Kühnheit ran
Mut wird untern Arm geklemmt – Geschenke sind garantiert:
dieses unglaubliche Glücksgefühl

warum eigentlich nicht
was hab ich zu verlieren – im eigenen Leben gilt nun mal:
wenn nicht ich, wer dann

Greta Silver
Aus dem Buch *Gedichte für Lebensfreude pur*

AUTHENTISCH SEIN

So tun als ob – Ehrlichkeit ist das Kraftfutter für Beziehungen. Wer sich verstellt, macht es seinem Umfeld schwer. Im Alltag wird uns das immer wieder vor Augen geführt. Wenn sich jemand im Job mit fremden Federn schmückt, ist das vor allem peinlich. Die Kollegen sind gezwungen, so zu tun, als merkten sie es nicht. Der Blender verliert an Ansehen, der Tatendrang leidet, das Projekt geht womöglich nur halbherzig an den Start. Zuzugeben, dass man sich erst einarbeiten muss, ist eine Stärke, und sie ermöglicht anderen, Hilfe anzubieten.

Nehmen wir an, wir gehen mit einer Freundin joggen, die fitter ist als wir. Natürlich geben wir nicht zu, dass das Laufen uns mehr anstrengt, als uns lieb ist, und versuchen stattdessen mitzuhalten. Die Freundin wird so tun, als merke sie das nicht, und sich zurücknehmen. Dabei wäre es für beide Seiten viel befriedigender, wenn wir einfach ehrlich zueinander wären. Ich müsste mich nicht verausgaben, und die Freundin könnte ihr eigenes Tempo einhalten, vielleicht ein paar Extrarunden laufen, vorsprinten und wieder zurückkommen – oder noch eleganter: zurücklaufen und mich dann einholen. Wir hätten beide mehr Spaß.

«So tun als ob» ist eine Mauer, die in Beziehungen nichts zu suchen hat. Auch sich selbst etwas vorzumachen ist nicht besonders hilfreich. «Ich kann das nicht» ist genauso schädlich wie «Ich kann alles», so es denn Selbstüberschätzung ist. Eine ehrliche Selbsterkenntnis ist der erste Schritt, mit Problemen umzugehen. Ich bin selbst so ein Kandidat gewesen, und ein wenig bin ich es immer noch. Mache gerne den starken Max, auch wenn ich eigentlich längst hätte zugeben müssen: «Es fällt mir schwer» oder «Ich kann nicht mehr». Will überall helfen, keinen belasten oder was immer ich da für «gute Gründe» habe, meine Grenzen nicht einzugestehen. Dabei nähmen die anderen wahrscheinlich sehr gerne Rücksicht, wenn ich ihnen von meiner Überforderung erzählen würde. Ich merkte, dass ich mir mit meinem Verhalten selbst keinen Gefallen tat. Heimlich hoffte ich nämlich doch auf Rücksichtnahme. Dabei weiß ich ja eigentlich, dass hellsehen nicht möglich ist.

Maskenball

mutig sein
ohne Maske laufen
zeigen wie's uns wirklich geht

sich verletzlich machen
schauen was passiert
ob mehr Nähe möglich ist

selber
hinter Masken schauen
zweimal fragen

hinter Masken ist das wahre Leben
wohnen Sorgen und Angst
sie aushalten beim anderen – klar können wir das

hinter Masken
versteckt sich auch Erfolg und Glück
möchten bescheiden sein

hinter Masken
wird es spannend
brauchen wir wirklich den Schutz

Greta Silver
Aus dem Buch *Gedichte für Lebensfreude pur*

Statt dem anderen hellseherische Kräfte zuzuschreiben, sollte man vielmehr auf Kommunikation bauen – sie ist das A und O einer jeden Beziehung. Dabei ist uns längst bewusst, dass das gesprochene Wort nur ein geringer Teil dessen ist, was beim anderen ankommt. Ob meine Botschaft den anderen erreicht, hängt von mehreren Faktoren ab: Nach Albert Mehrabian* beruht die Wirkung unserer Informationen zu 55 % auf unserer Körpersprache (Körperhaltung, Gestik, Augenkontakt). Also spielt die Art, wie ich meine Nachricht vermittle, die größte Rolle. Man sieht unserem Körper an, ob wir für etwas brennen, ob es uns wichtig ist, dass unser Gegenüber diese Nachricht hört und versteht. Man sieht, ob jemand fröhlich ist oder traurig, mürrisch oder sauer, ausgeschlafen oder müde. Das alles kann man sehen – ohne ein Wort zu hören.

Ich kam manchmal aus Besprechungen und fühlte mich unwohl – meist war dann etwas anderes bei mir angekommen, als das gesprochene Wort aussagte. Ganz gleich, ob das beim Elternabend oder im Sportverein war. Nach und nach habe ich gelernt, die Körpersprache meines Gegenübers besser zu verstehen. Ich erfasste, wem es gar nicht um die Sache ging, sondern nur darum, dem anderen eins auszuwischen. Sich über solche Dinge im Klaren zu sein, ist natürlich sehr hilfreich.

Unbewusst ist uns einiges klar: Steht man stocksteif da, wenn man etwas erklärt oder vorträgt, signalisiert man, dass man nicht unbedingt mit Feuereifer dabei ist oder sich in der Rolle, die man da einnimmt, unwohl fühlt. Gekreuzte Arme

* The Journal of Counselling Psychology 31, 1967, S. 248–252

stellen oftmals eine deutliche Grenze zum anderen dar und können sogar auf Ablehnung hinweisen. Ein Blick an die Decke statt in die Augen des Gegenübers lässt Unsicherheit vermuten. Auch unsere Stimmlage spielt eine entscheidende Rolle: Laut Mehrabian ist sie zu 38 % dafür verantwortlich, ob unsere Nachricht beim Zuhörer ankommt. Fast genauso wichtig wie mein Körper ist die Stimme, mit der ich spreche. Ob atemlos, zittrig oder träge, ob fröhlich und energievoll, ob aufgeregt, verschlafen oder ruhig, all das macht einen Unterschied. Was eine schrille Stimme in uns auslöst, wissen wir. Sie wirkt angestrengt und unter Druck, sodass wir die gesamte Person schnell als unangenehm wahrnehmen. Ein tiefer Ton hingegen hat etwas Beruhigendes, auch wenn die Nachricht selbst keine gute ist. Für das gesprochene Wort bleibt in dieser Kette nur eine Wirkung von etwa sieben Prozent, heißt es. Kleinere Einflüsse bleiben unerwähnt.

Man sollte meinen, eine Nachricht kommt an, wenn sie nur deutlich ausgesprochen wird. Aber wenn wir verinnerlichen, was sonst noch alles «mitspricht», können wir vielen Missverständnissen schneller auf die Schliche kommen. Sich dieser ganzen Palette zu bedienen, ja damit zu spielen, macht uns stark. Ob ich mich in Siegerpose vor jemanden hinstelle oder wie ein geprügelter Hund – die Worte können die gleichen sein, das Ergebnis ist ein völlig anderes. Körpersprache und Stimme sind um ein Vielfaches mächtiger als das gesprochene Wort.

Wir spüren ja meist, wenn jemand bedrückt ist, selbst wenn er beteuert, dass alles in Ordnung sei. Da noch ein zweites Mal nachzufragen bringt oft Klarheit. Das betrifft alle Situationen, in denen wir spüren, dass etwas unausgesprochen bleibt. Ich musste lernen, sehr vorsichtig nachzuhaken, um den anderen nicht bloßzustellen. Mich verhandlungsbereit zu zeigen war oft ein guter Weg, wenn ich spürte, dass es eine Meinungsänderung gab, die man nicht offen zugeben wollte. Wenn andere sich offensichtlich unwohl fühlten, bot ich an, das Problem noch mal von einer ganz anderen Seite zu beleuchten. Die Leitung des Gesprächs in der Hand zu halten, erspart Umwege und Missverständnisse.

Tatsächlich machen wir ganz viel intuitiv richtig – mit unserem Partner reden wir anders als mit unseren Kindern, mit dem Sportkollegen anders als mit der Mutter oder dem Nachbarn. Nun spielt es jedoch nicht nur eine Rolle, wie ich selbst meine Nachricht rüberbringe, sondern auch, in welcher Stimmung mein Gesprächspartner ist. Lässt er sich auf meine Nachricht ein, oder fühlt er sich gestört und hört nur mit einem halben Ohr hin? Ich bin sicher, wir alle kennen den Wunsch, der andere möge doch nur mal richtig zuhören, unsere Worte wirklich bedenken. Manchmal bin allerdings auch ich in die Falle getappt, dass ich zu wissen glaubte, was der andere gleich sagen will, weshalb ich dann nicht mehr genau zugehört habe. So entging mir, dass sich das Gesagte nicht mit meiner Erwartung gedeckt hat. Zuhören will auch gelernt sein – ich bin fleißig dabei.

Man sieht nur mit dem Herzen gut – diese Lehre vom kleinen Prinzen gilt auch für das Hören. Wohlwollend an die Nachricht heranzugehen, die ich empfange, ist ein Schlüssel für Harmonie. Wenn ich in allem einen Angriff sehe, dann habe ich die Nachricht schon in eine Schublade gepackt, in die sie womöglich nicht gehört. Sich Zeit zu nehmen für das Gespräch, mit allen Sinnen, mit Herz und Verstand im Hier und Jetzt zu sein, das ist das Geheimnis funktionierender Beziehungen.

Kommunikation ist ein so wichtiges Thema, dass man gar nicht genug darüber wissen kann. Da gibt es noch so eine

Tücke, die mich oftmals ausgebremst hat. Die andere Seite sagt einfach nur nein zu meinen Vorschlägen. Egal, welche Idee auf den Tisch kam, sie führte zum Nein. Mir wurde geraten, doch das Gegenteil von dem zu sagen, was ich wirklich wollte – da es ohnehin nur ein Nein geben würde. Doch das ist ja keine Alternative.

Es ist nur eines von vielen Beispielen, in denen Kommunikation zu einem Machtspiel geworden ist. Der Schweigsame bestimmt die Konversation. Wenn jemand immer nur einsilbige Antworten gibt, schwindet das Bedürfnis nach Austausch. Das heißt nicht, dass man nicht auch harmonisch miteinander schweigen könnte. Ein passiv aggressives Schweigen aber erstickt den Versuch, durch Kommunikation Nähe aufzubauen.

Das Pendel kann noch stärker ausschlagen. Dann wird Kommunikation zur Waffe, sie verletzt. Das mag ein verächtlicher Blick genauso sein wie ein verletzendes Wort. Manche Erwachsene leiden noch immer unter den Worten, die sie als Kinder zu hören bekamen. Für einige Worte braucht man einen Waffenschein. Dabei wird nicht nur der Adressat durch Herabsetzungen kleingemacht; letzten Endes ist es der Absender selbst, der sich erniedrigt. Man wird nicht automatisch groß, wenn man andere schlecht behandelt.

Doch genauso gut kann Kommunikation heilen, trösten, aufbauen, Mut machen. Mit allen Sinnen zu transportieren, wie wichtig der andere Mensch ist, kann Wunder bewirken. Ein kleines Zeichen, dass jemand an uns gedacht hat, eine Erinnerung an das, was wir doch alles schon geschafft haben, wenn wir verzagt sind, lässt die Welt in einem anderen Licht erstrahlen.

Worte brauchen einen Waffenschein

Worte verletzen wie Pistolenschüsse
ausgesprochen gibt es kein Zurück
treffen ins Ziel

Worte haben eine solche Wucht
wollen abgewogen werden
immer wieder neu

sie treffen in der Kindheit,
den Erwachsenen
Wunden bluten manchmal ein Leben lang

da hilft kein Pflaster
da hilft nur
verzeihen

Worte können auch anders
aufbauen, Mut machen
trösten, Schwung verleihen

also
nur manche Worte brauchen Waffenschein

Greta Silver
Aus dem Buch *Gedichte für Lebensfreude pur*

Wie gehen wir gemeinhin mit Kränkungen um? Wir reagieren oft aggressiv, schwören Rache, sind verbittert – manchmal lernen wir aber auch tatsächlich Empathie. Die ganze Bandbreite ist möglich. Wenn wir nicht möchten, dass andere so leiden wie wir, kümmern wir uns um Menschen, denen etwas Ähnliches widerfahren ist. Wir haben ein ganz anderes Verständnis und Mitgefühl für diese Menschen. Stephen Hawking sagte, die größte Gefahr der Menschheit sei der Mangel an Empathie. Auch wenn es bitter klingt: Kränkungen können uns lehren, empathischer zu werden. Das Tröstliche ist, dass es in unserer Hand liegt, wie wir mit Kränkungen umgehen.

PROBLEME ANSPRECHEN, BEVOR ES KNALLT

In Beziehungen wissen wir oft recht gut, dass es ein Problem gibt, das wir dringend ansprechen sollten. Wir schieben es raus, reden uns ein, der andere wisse schon, wie es mir geht, hoffen auf Verständnis. Wir warten so lange, bis es kracht.

Das passiert uns auch dann, wenn wir uns eigentlich entschuldigen wollen, ja, erklären möchten, dass wir selbst nicht glücklich sind mit dem, was wir da gemacht haben – und zögern etwas zu lange. Und dann ist der Zeitpunkt irgendwie vorbei, und es ist dauerhaft Sand im Getriebe. Mit Kunden wären wir vermutlich anders umgegangen. Wir hätten uns erkundigt, ob alles zur allgemeinen Zufriedenheit verlaufe. Wären eher hellhörig geworden, hätten Probleme sofort angesprochen. Das sollten wir auch unseren Beziehungen gönnen.

Frage doch deinen Partner einfach mal, was für ihn zu kurz kommt in der Beziehung. Es muss kein Gespräch am Tisch sein – «Wir müssen mal reden» –, es kann ganz nebenbei passieren.

Das Mehr an Zeit, dieser Neustart in eine neue Lebensphase, den der Ruhestand darstellt, ist eine wunderbare Gelegenheit, auch in Beziehungen die Karten neu zu mischen. Sich gemeinsam hinzusetzen und das Miteinander zu planen. Was wünscht sich der eine und was der andere? Was fehlt? Wäre es nicht wundervoll, noch einmal neu zu beginnen?

VERANTWORTUNG ÜBERNEHMEN

Von großen Konzernen – ja, eigentlich von jedem – wünschen wir uns, dass sie die Verantwortung für ihr Handeln übernehmen. Wenn eine Pharmafirma Gift als Pflanzenschutzmittel verkauft, dann ist das nicht nur eine Sache zwischen ihr und den Landwirten, es hat Konsequenzen für viele Menschen.

Sind wir uns denn im Alltag wirklich bewusst, wie sehr sich unser Handeln auf andere auswirkt? Wenn ich besonders freundlich zur Kassiererin bin, profitiert vermutlich noch mein Hintermann in der Schlange. Vielleicht sogar ihre Familie, wenn es kurz vor Feierabend ist. Dass Lehrer die Stimmung ihrer Schüler wesentlich beeinflussen, ist sicherlich jedem klar. Wenn ein Kind am Vormittag ein paar aufmunternde Worte gehört hat, wird es wahrscheinlich fröhlicher nach Hause kommen, was wiederum auf die ganze Familie ausstrahlt.

Ganz egal, wo wir sind, wir beeinflussen unser Umfeld. Mit einer ehrlichen Art genauso wie mit dem Bemühen, alles zu unserem Vorteil zu drehen. Mit unserer Fröhlichkeit genauso wie mit unserer schlechten Laune. Erkennen wir darin die Chance, unser Umfeld positiv zu verändern? Es bereitet so viel Lebensfreude, wenn man von freundlichen Menschen umgeben ist.

VERTRAUEN

Weißt du eigentlich, wie viel Größe und Kraft
du zeigst, wenn du vertraust?

Vertrauen ist die Basis gut funktionierender, enger Beziehungen. Dass Liebespaare sich vertrauen, scheint uns das Normalste der Welt zu sein. Der Andere muss sich nur vertrauenswürdig benehmen, dann ist das doch gar kein Problem. Aber ist das wirklich so?

Im strahlenden Was-kostet-die-Welt-Alter von 18 Jahren las ich Sartres *Das Spiel ist aus.* Nachdem zwei junge Leute ermordet worden waren, stellte man im Reich der Toten, einem Zimmer in der Rue Laguénésie, fest, dass ein Irrtum vorlag: Die beiden hätten im Leben ein Liebespaar sein sollen. Als solches durften sie in die Welt der Lebenden zurück – unter der Bedingung, dass sie einander vertrauen, sonst wäre die zweite Chance vertan. Nichts leichter als das, glaubte ich. Ein Liebespaar wird sich ja wohl vertrauen, zumal ihnen bei Nichtgelingen der Tod sicher war. Doch so einfach machte Sartre es mir nicht. Er ließ mich in jede der beiden Figuren schlüpfen, die Gedanken nachvollziehen und ja, die Zweifel verstehen. Somit habe ich das Ende schon vorweggenommen. Es ist ein dünnes Buch. Ich begann nach neuen

Theorien zu suchen, wie es sich mit dem Vertrauen verhält.

Irgendwann später war ich dann sicherlich auch mal der Meinung, der Andere müsse sich nur vertrauenswürdig benehmen. Doch Gott sei Dank stellt uns das Leben immer ein paar Fragen, aus denen wir lernen dürfen. Da gilt es sicherlich zu klären: Wann ist jemand vertrauenswürdig? Wenn er die Wahrheit sagt. Oder besser: Wenn ich mich darauf verlassen kann, dass er die Wahrheit sagt. Und wie sieht es eigentlich mit meinen eigenen kleinen Schummeleien aus, wenn ich zu diesen Notlügen greife? Was habe ich doch für nette Umschreibungen für meine eigenen Unwahrheiten ... Wie weit kann ich mich denn selbst hinters Licht führen? Lege ich bei mir die gleichen Maßstäbe an?

In meiner Malschule war es üblich, dass am Ende der Stunde einer der Schüler eine Besprechung der Bilder vornahm. Ganz egal, was man da vor sich hatte – es galt, mit möglichst viel Lob zu beginnen. Da der Kritiker spontan ausgewählt wurde, schaute ich bereits vorher, was den anderen besonders gut gelungen war. Diese Herangehensweise hat mir sehr geholfen. Ich habe gelernt, dass wir die Wahrheit sagen können, auch wenn sie wenig schmeichelhaft ist. Auf die Art und Weise, wie wir sie vermitteln, kommt es an. Nachdem ich etwas besonders Gelungenes an einem Bild gefunden hatte – wie die Schatten herausgearbeitet wurden, wie die Proportionen gelöst waren, wie Farben harmonierten –, konnte ich langsam und vorsichtig mit den Hinweisen herauskommen, woran vielleicht noch weiter gearbeitet werden müsse. Ich habe dadurch viele Wege gefunden, wie ich bei der Wahrheit bleiben konnte.

Meine Kinder lernten das gleiche Prinzip bei den Pfadfindern. Zunächst saßen alle in einer Runde zusammen, bis schließlich einer rausging. Dann wurde gesammelt, was dieser Scout alles Wunderbares zur Gruppe beiträgt – erst danach durfte geäußert werden, dass er sich immer vorm Abwasch drückt. Das alles wurde von einer zufällig gewählten Person übermittelt. Auf diese Weise gingen alle glücklich aus der Runde raus, weil sie so viel Gutes über sich gehört hatten. Da tat das Negative nicht weh.

Ich habe dieses Prinzip tatsächlich auch zu Hause eingeführt – sehr zum Leidwesen meiner Kinder. Die wollten viel lieber gleich ihre Wut äußern. Sie wollten sich bei mir freikaufen mit einer langen Liste, was sie an mir alles toll fanden (ich hüte diese Liste wie meinen Augapfel), um dann gleich lospoltern zu können. Aber natürlich erfüllte so eine vorgefertigte Liste nicht den Zweck der Übung. Ich wollte erreichen, dass sie nicht nur das Negative im anderen sehen, sondern selbst in dieser Stimmung noch nach dem Positiven schauen.

Natürlich ging es gar nicht, dass ich die Kinder zur Wahrheit erzog, sie bei unliebsamen Anrufen auf das Festnetztelefon aber per Handzeichen bat, so zu tun, als wäre ich nicht zu Hause. (Die Alternative Handy war – ich kann es selbst kaum glauben – noch nicht erfunden.) Schließlich bat ich sie zu sagen, es passe gerade nicht und ich würde zurückrufen.

Das war ein kleiner Exkurs zur Wahrheit, die bei dem Thema Vertrauen eine so große Rolle spielt.

Ich habe verstanden, was für eine hohe Kunst dieses Vertrauen ist. «Im Zweifel für den Angeklagten» – das kann man üben. Misstrauen ist eine Pest, es zerfrisst die Seele. Man leidet ja selbst so schrecklich unter seinen Zweifeln. Aber auch für den anderen ist es eine Zumutung. Wenn jemand uns gegenüber unbegründet misstrauisch ist, dann fühlen wir uns verletzt. Wenn jemand von seinem früheren Freund betrogen worden ist und daher in der neuen Beziehung versucht, das Handy des Partners zu kontrollieren – dann zerbricht da schon etwas, bevor es wachsen konnte.

Auch bei Misstrauen sind wir nicht hilflos, sondern haben eine Stellschraube, an der wir drehen können. Wir müssen diese Zweifel und zermürbenden Gedanken gar nicht zulassen, sondern können bis zum Schluss im Zweifel für den Angeklagten sein. Jedes Mal, wenn Zweifel auftauchen, können wir uns sagen: Erst mal abwarten, was er für eine Erklärung hat.

Ich schaue am Neujahrstag gerne auf das vergangene Jahr zurück und habe dabei schon die tollsten Überraschungen entdeckt. Dinge, vor denen ich große Angst hatte oder die ich vielleicht als Katastrophe empfunden hatte, als sie passierten, sehe ich plötzlich im großen Zusammenhang als Geschenk des Himmels. Auf diese Logik vertrauen zu können macht frei und unbändig glücklich. Es gibt uns das Vertrauen ins Leben zurück.

«Ich habe das Vertrauen verloren» ist ein Satz, den wir häufig hören. Ganz gleich worin, ob in die Menschen, die Gerechtigkeit, den Chef, das Leben oder was auch immer. Ich glaube: Das Vertrauen kann erschüttert werden, aber verloren ist es nie. Wir können uns entscheiden zu vertrauen.

Wie unterscheidet sich das Vertrauen eigentlich von der Hoffnung – die ja angeblich zuletzt stirbt? Wer hofft, dem bleibt nicht mehr als ein Grashalm, an den er sich klammern kann. Vernünftige Argumente reichen nicht länger aus, um sich eine positive Entwicklung vorzustellen. Als hätte man rational schon aufgegeben, schließt Hoffnung das Scheitern mit ein. So als wüsste der Verstand sehr wohl, dass es keine Chance gibt, und nur das Herz erhält die Hoffnung aufrecht. Dann gibt es noch das Mit-aller-Kraft-Wollen. Aus einem großen Wunsch kann ein verkrampfter Wille werden, in dem wie bei der Hoffnung die Angst vor dem Scheitern enthalten ist. Etwas mit aller Kraft erzwingen zu wollen hat wenig mit Vertrauen zu tun. Vertrauen enthält eine große Portion Gelassenheit. Vertrauen bedeutet, ganz selbstverständlich davon auszugehen, dass das Gute passiert. Sich auch von Hindernissen nicht abbringen zu lassen. Wenn es nicht gut ist, dann ist es eben noch nicht zu Ende.

In Krankenhäusern wurden Studien durchgeführt, die belegten, dass Menschen, die auf ihre Heilung vertrauten, schneller gesund werden. Auch gläubige Patienten sollen einen deutlich besseren Krankheitsverlauf haben. Wir kennen es ja von uns selbst: Wenn wir in Stresssituationen lachen, verlangsamen wir unsere Adrenalinproduktion und entkrampfen Muskulatur und somit auch unser Herz. Angst schüttet Botenstoffe aus, die unser ganzer Körper spürt – genauso verhält es sich mit dem Jammern. Alles hat Auswirkungen auf unseren Körper und somit auf unsere Gesundheit. Das kann die Wissenschaft nun auch messen und beweisen.

Ich lebe mit einer großen Portion Gottvertrauen – das verleiht Flügel. In jungen Jahren war es mein Kinderglaube, der jedoch später nicht mehr trug. Als Erwachsene musste ich mich neu auf die Suche begeben. Im Laufe meines Lebens habe ich so viel erlebt, was nicht mehr als Zufall zu verbuchen war. Ich erahne, dass es einen Plan in meinem Leben gibt, und der ist gut. Wenn ich mich dem füge und nicht glaube, dass mein eigens ausgedachter Plan besser sei, dann eröffnen sich mir ganz andere Möglichkeiten. Dann erkenne ich: Das Leben geht nach einem Rückschlag weiter, nur anders. Da kommt dann schon wieder meine Neugier ins Spiel: Wie mag aus diesem Desaster etwas Schönes entstehen? Ich begebe mich auf die Suche nach den Kostbarkeiten des Lebens.

VERTRAUEN VERÄNDERT UNSER LEBEN

In meinem Leben gab es verschiedene Phasen des Vertrauens. Ich hatte es immer an einer anderen Person oder Situation festgemacht. Aber von Anfang an.

Klar, ich wurde mitunter verletzt, mein Vertrauen missbraucht. Und klar, ich haderte mit mir und dem, was ich für meine Gutgläubigkeit hielt. So manches Mal sagte ich zu mir selbst: Wann lernst du es endlich? Das ist dir doch schon so oft passiert. Aber ich hatte begriffen, wenn ich mit angezogener Handbremse lebe, damit mir Ähnliches nicht wieder passiert, dann habe ich diesen Menschen – über die ich mich ja so ärgere – die Macht gegeben, mein Verhalten zu ändern. Das durfte nicht sein.

Es ist ein großer Unterschied, mit offenen Armen auf seine Mitmenschen zuzugehen oder erst einmal abzuwarten, wie sie so drauf sind. Mir war klar, wenn ich fortwährend zögere, lebe ich nicht die ganze Fülle des Lebens. Dazu passt keine angezogene Handbremse. Ich möchte, auch wenn ich mir mal die Finger verbrenne, die ganze Bandbreite des Lebens spüren. Ich möchte verletzbar bleiben, denn das heißt für mich lebendig sein.

Vertrauen ist unglaublich wertvoll. Mit Vertrauen ins Leben und die Menschen Richtung Zukunft zu gehen, das macht den Unterschied. Ich sah einmal einen Film, in dem es zwei unterschiedliche Handlungsverläufe gab – je nachdem, ob der Protagonist einen Zug noch erreichte oder nicht. Es hat mich sehr beeindruckt, wie unterschiedlich sich das Leben doch entwickeln kann, ausgehend von einer solchen «Kleinigkeit». So ein Zünglein an der Waage ist das Vertrauen. Mit Vertrauen durchs Leben zu gehen heißt, die Klaviatur des Lebens zu genießen. Das macht unglaublich viel Spaß.

Mir ist klar, dass nicht nur die hellen Töne dazugehören, sondern auch die tiefen. Doch das macht mir keine Angst. Ich lasse es mir nicht nehmen, voller Vertrauen auf die Menschen zuzugehen. Dass es immer mal wieder erschüttert wird, dass mir im Leben gelegentlich der Kopf wackelt, ist ganz normal – aber es dauert nicht lange, und mein «Urvertrauen» ist zurück.

Vertrauen braucht Ehrlichkeit und Offenheit. Vertrauen wählt den mutigen Weg, nicht den bequemen. Es bildet sich nicht durch Worte, sondern durch Taten. Das wird deutlich, wenn ich jemandem mein Kind anvertraue. Dann ist es mir wichtig, dass diese Person mir nicht nur schildert, wie sie in einer Gefahrensituation vorgehen würde, sondern dass sie auch tatsächlich handelt, um mein Kind zu schützen. Aber auch in anderen Beziehungen wollen wir nicht nur schöne Worte. Ich habe gelernt, dass eine Beziehung nicht vertrauensvoll ist, wenn man nicht schwach sein oder um Hilfe bitten kann. Vertrauen ist wechselseitig.

An meinen kleinen Enkelkindern konnte ich etwas Interessantes beobachten. Wenn ich ihnen vertraue, dass sie nicht an die Sachen gehen, die tabu sind, dann tun sie es auch nicht. Wenn ich jedoch ständig überprüfe, ob sie das Verbot tatsächlich beachten, dann ist die Wahrscheinlichkeit sehr viel größer, dass sie das Verbotene ausprobieren wollen.

Ein Freund vertraut uns vorbehaltlos, ohne Bewertung. Selbst wenn er überhaupt nicht verstehen kann, wieso wir in der Patsche sitzen, er hilft trotzdem. Er hat so viel Vertrauen, dass er auch bei etwas helfen wird, was er selbst nicht tun würde. Vertrauen entsteht nicht von heute auf morgen, sondern baut sich aus vielen kleinen Begebenheiten auf.

Natürlich passiert es, dass uns jemand bitter verletzt und unser Vertrauen missbraucht. Wir haben das Gefühl, dieser Person nie wieder vertrauen zu können, und sind enttäuscht. Fühlen uns in der Opferrolle und bedauern uns oder möchten diese Person bestrafen, indem wir ihr deutlich sichtbar das Vertrauen entziehen. Doch wir können frei entscheiden, wie wir mit einem Vertrauensbruch umgehen. Oft erkennen wir erst hinterher, wie viel uns doch fehlt, wenn wir einen ganz klaren Schnitt machen und die Beziehung beenden. Wenn zum Beispiel die Freundin uns bitter enttäuscht hat und wir vielleicht auch allen Grund haben, einen Schlussstrich unter die Freundschaft zu ziehen, so kann es doch sein, dass die Freundin mit all ihren anderen positiven Seiten uns später sehr fehlt. Ich bin daher ein großer Freund der zweiten Chance.

Das gelingt vielleicht nicht am ersten Tag, aber vielleicht schon am zweiten. Denn wenn wir uns sofort wütend trennen und beginnen, in neuen Mustern zu laufen, fällt es uns mit der Zeit immer schwerer, die vertrauensvolle Nähe wieder aufzubauen.

Dafür müssen wir spüren, dass es der anderen Person aufrichtig leidtut und sie alles versuchen wird, um den Schaden wiedergutzumachen, den sie da angerichtet hat. Wir müssen darauf vertrauen können, diese Chance auch selbst zu bekommen, falls wir mal diejenigen sind, die Mist gebaut haben.

Doch wie hart gehen wir mit uns selbst ins Gericht! Meinen, das Vertrauen der anderen gar nicht verdient zu haben. Denn wir kennen ja schließlich all unsere Fehler. Wertschätzen wir das, was wir tun, wie wir sind? Sehr gerne möchte ich dir vermitteln, wie einzigartig und unglaublich kostbar du bist. Nur wenn du dir deiner selbst bewusst bist, deinen Selbstwert kennst, kannst du Vertrauen aufbauen – zu dir selbst und zu anderen. Lass uns da mal kurz verweilen und schauen, wie es gelingen könnte. Ich behaupte mal, wenn du ganz tief in dich reinhörst, dann hast du da eine tiefe Gewissheit, dass du ganz wunderbar bist – kostbar und großartig. Nur stellst du diese Stimme gern leise, weil du glaubst: Das kann ja nicht sein. Stell dir mal vor, heute wäre der Tag, an dem sich deine Sicht auf dich selbst zum Guten ändert. Der Tag, an dem du dich als Gärtner/in dieser zarten Pflanze in dir siehst, die ans Licht kommen will, an dem du der/die Beschützer/in wirst, ja die Pflanze sogar düngst, indem du jeden Tag schaust, was du alles Schönes gemacht hast. Wo und wann war es wichtig, dass gerade du zur Stelle warst? Auch wenn du «nur» jemandem ein Lächeln geschenkt hast, wenn du einen Käfer gerettet hast oder jemandem Mut gemacht hast – alles, alles zählt. Ich ahne es, du hast gerade geschmunzelt bei meiner Aufzählung.

Wir zählen so schnell nur die harten Fakten: Wo war ich produktiv, wo habe ich was erreicht? – aber das sind in meinen Augen gar nicht die ausschlaggebenden Dinge im Leben. Sei dir deiner Fähigkeiten bewusst, die dir mit in die Wiege gelegt wurden, und hege und pflege diese Pflanze. Du wirst sehen, wenn du dieses Pflänzchen nicht immer selbst wieder kleinredest, dann wachsen daraus dein Selbstbewusstsein und Selbstvertrauen. Ich mag diese Worte, sie erklären sich selbst: sich seiner selbst bewusst sein = Selbstbewusstsein / sich selbst vertrauen können = Selbstvertrauen. Wir können immer nur so weit vertrauensvoll auf andere Menschen und das Leben zugehen, wie wir uns selbst vertrauen. Fangen wir doch einfach bei uns selbst an, dann kommt der Rest von allein. Einen lieben Gruß an die Gärtnerin / den Gärtner in dir!

Wir werden mit einer Fülle an Talenten und Fähigkeiten geboren. Die wollen gelebt werden und kommen, wenn wir das zulassen, nach und nach zum Vorschein. Wir sind ständig in Veränderung. Wir lernen etwas hinzu, entdecken neue Seiten an uns, geben schräge Angewohnheiten auf. Das Spannende dabei: Du hältst den Pinsel für dein Ich in der Hand. Du malst dein Leben selbst. Denn du entscheidest, ob eine Begebenheit nur am Rand deines Selbstbildes auftaucht oder ob du sie in der Mitte platzierst. Du entscheidest, ob du unauffällige Farben wählst oder grelle. Vielleicht gelingt es dir auch, manches auszuradieren oder zu übermalen. Es gibt Situationen in unserem Leben, die wir als schrecklich abgespeichert haben. Im Rückblick können wir sie, diese hässlichen Flecken auf unserem Lebensbild, korrigieren, verstehen plötzlich Zusammenhänge, sehen die Not des anderen, oder – das ist ganz besonders schön – dass das, was uns damals so traurig machte, letztendlich sogar ein großer Vorteil war. Eine Kündigung kann später durch den neuen Job zu einem Geschenk des Himmels werden. Und ich hatte euch doch auch schon von meinem Sohn erzählt, der dank der Absage des Vermieters letztes Endes eine viel schönere Wohnung gefunden hat.

Nur du kannst entscheiden, wie wichtig ein Ereignis überhaupt für dich ist. Und diese Bewertung darf sich im

Laufe deines Lebens immer wieder ändern und sich neuen Erkenntnissen anpassen. Brecht formulierte es so passend: «Wer A sagt, der muss nicht B sagen, er kann auch erkennen, dass A falsch war.»

Schön ist es, ab und zu einen Schritt zurückzugehen und sich zu fragen, ob man mit den Erkenntnissen, die man heute hat, damals genauso sehr gelitten hätte. Sicherlich wird das die Farben auf unserem Bild manchmal wieder mehr zum Leuchten bringen. Mir haben diese Rückschauen unfassbar gutgetan. Das ist der Vorteil des Alters: Es gibt so viel, auf das ich zurückschaue und jetzt erkenne, dass die schmerzhaften Stolpersteine wichtige Bausteine in meinem Leben waren. Ich habe sie längst liebevoll annehmen können und bedauere höchstens die vielen bitteren Tränen, die ich damals geweint habe, weil ich diese Zusammenhänge noch nicht erfassen konnte. Heute kann ich daher auch in schwierigen Situationen die Frage in die Luft werfen: «Wer weiß, wofür es gut ist.» Mit sich selbst und seinem Leben versöhnt zu sein stärkt das Selbstvertrauen.

Im Laufe des Lebens erlaubst du deinem Ich immer mehr, die Flügel auszubreiten. Es ist spannend zu sehen, was du alles an Talenten mitgebracht hast auf diese Welt, was alles noch ans Tageslicht möchte. Nimm dir die Zeit, liebevoll hinzuschauen. Du bist es wert – du bist kostbar. Wir selbst halten unsere Talente so schnell für selbstverständlich und sehen sie nur bei Menschen, die auf der Bühne stehen. Frage einfach mal deine Freunde und Familie, wo sie deine Talente sehen. Vermutlich ist es das, wofür alle immer zu dir kommen und um Hilfe bitten. Da kannst du etwas, was die anderen gar nicht oder nicht so gut können wie du. Sich dieser Fähigkeiten bewusst zu sein macht selbstbewusst. Es kann deine schnelle Auffassungsgabe sein. Wenn zum Beispiel jemand sagt: «Es regnet», und du läufst gleich los, um die Wäsche reinzuholen oder ein Fenster zu schließen.

Oder du kannst besonders gut Streit schlichten. Egal ob beim Weihnachtsfest oder beim Sport. Du gehst ganz entspannt dazwischen, hast einen lockeren Spruch parat, der die Gemüter wieder beruhigt, oder du lenkst die Kampfhähne ab. Wie auch immer du es machst – das kann nicht jeder.

Im Alter haben wir uns längst die Bestätigung geholt, dass wir sehr wohl einiges im Leben geschafft haben. Wir wissen, wie viele Krisen wir durchlitten und gemeistert haben. Wir schenken denjenigen, die uns kleinmachen wollen, keinen Glauben mehr. Wir haben lange genug angepasst gelebt – das muss nicht mehr sein. Wir haben uns was getraut, haben innere Grenzen überwunden. Da tankt unser Selbstvertrauen auf.

In jungen Jahren lassen wir uns noch zu sehr einschüchtern von Sätzen wie «Das klappt doch sowieso nicht», besonders dann, wenn wir schon eine schlechte Erfahrung gemacht haben. Wir versuchten ganz schüchtern etwas und gaben bei den ersten Schwierigkeiten schnell auf. Denn wir hatten es noch im Ohr: «Das kannst du sowieso nicht, du bist zu dick, zu dünn, kannst nicht rechnen, bist nicht musikalisch genug.» Solche Sätze bekommen wir häufig zu hören. Das Schlimme daran ist: Wir glauben sie. Wir sind tatsächlich der Meinung, dass wir das gar nicht erst versuchen sollten. Wir sind ja Realisten. Wir meinen, uns zurücknehmen zu müssen, alles andere sei Selbstüberschätzung und egoistisch. Fühlen uns schlecht, wenn wir an uns selbst denken. Doch das darf nicht sein. Die Welt braucht Menschen wie dich. Lass dir diese negativen Sätze nicht einreden.

Zu schauen, wer uns etwas vorschreiben oder in eine bestimmte Richtung dirigieren möchte, in die wir eigentlich gar nicht wollen, verschafft uns Klarheit. Manchmal begegnen wir Menschen mit anderen Interessen, die uns zu verstehen geben, dass diese wichtiger sind als unsere. Das muss nicht unbedingt böse gemeint sein, sie vertreten vielleicht einfach nur deutlich ihre Belange. Stehen also breitbeinig im Raum. Da wo sie stehen, ist kein Platz für uns. Sie konnten diese Position nur einnehmen, weil wir ihnen ausgewichen sind. Wir sind enttäuscht, fühlen uns wie überrollt. Dabei können unsere Interessen nur berücksichtigt werden, wenn wir sie formulieren. Selbst das erscheint uns manchmal schon verwegen.

Durch die eindeutige Positionierung des anderen wurde ich in Richtungen gedrängt, die ich gar nicht einschlagen wollte. Erst war es nur so ein leichtes Unwohlsein, bis ich begriff: Stopp, so geht das nicht weiter! Ich muss den Mund aufmachen. Man geht ja meist davon aus, dass der andere genauso tickt wie man selbst. Das ist aber nicht immer der Fall. Daher blieb mir nichts anderes übrig, als deutlich zu machen, wo ich stehe. Das hat meinem Selbstbewusstsein sehr gutgetan.

Ein Beispiel aus jüngeren Jahren: Wenn Freunde etwas vorschlugen, was wir gemeinsam unternehmen könnten, antwortete mein Mann gleich für mich mit. «Ach, das ist nichts für uns, wir bleiben lieber zu Hause.» Es ist vielleicht schwer zu glauben, aber ich habe damals nicht widersprochen. Jedenfalls nicht in Gegenwart der Freunde. Ich habe vielleicht später gesagt: «Ach, ich wäre da ganz gerne hingegangen.» Darauf erwiderte mein Mann: «Aber ich hatte dazu nun wirklich keine Lust, wir machen es uns lieber zu Hause gemütlich.» Eigentlich hätte ich ja auch zu den Freunden sagen können: «Ja, wir kommen gerne», dann wäre vermutlich mein Mann derjenige gewesen, der vor ihnen den Mund gehalten hätte. Es dauerte lange, bis ich mich dazu durchringen konnte, da meinen Mund aufzumachen und auch alleine etwas zu unternehmen, ohne meinen Mann. Dabei ging das dann ganz ohne Groll – weder war er sauer, dass ich ausging, noch war ich sauer, dass er nicht mitkam. Ich hatte genauso viel Spaß oder vielleicht sogar noch mehr. Schließlich musste ich mich nicht immer nach ihm umschauen, wohl wissend, so richtig macht es ihm keine Freude.

Hier einfach eine klare Position zu beziehen ist sicherlich eine Ausdrucksmöglichkeit von Selbstbewusstsein.

Doch schauen wir noch mal in andere Ecken. Wer hat alles Mitspracherecht in unserem Leben? Wer prägt unser Selbstbewusstsein? Gibt es ein unbeeinflusstes «Ich»? Vermutlich nicht, denn wir formen uns immer wieder um, weiter, neu. Wer und was darf alles mitreden in diesem kreativen Gestaltungsmodus, wem gebe ich das Recht oder sogar den Auftrag dazu? Durch welche Hintertüren kommen sie rein, die ungebetenen Bildhauer?

Wo findet Wertevermittlung statt? Im Elternhaus gewiss, in der Schule, bei Freunden, und vielleicht begreife ich etwas beim Lesen toller Bücher. Und dann sind da die Schwierigkeiten und Herausforderungen des Lebens, und bin ich ehrlich, dann begreife ich Werte am besten und schnellsten, wenn es schmerzhaft wird. Diese Liste der «Mitbestimmer» sieht ja ganz überschaubar aus. Sie gaukelt mir vor, das hab ich im Blick und im Griff – aber ich befürchte, ungefragt wirkt da noch viel mehr kräftig mit. Ich werfe mal ein paar Beispiele in den Ring.

Was bewirken einige Filme oder die Werbung? Mit wem vergleichen wir uns? Was für ein Muster übernehmen wir da, was halten wir für den Standard gelingenden Lebens? Wir sehen den großen Unterschied zu unserem Leben und fühlen uns klein. Sich vergleichen ist die Pest. Gemein ist, dass es hier im Unterbewusstsein abläuft. Wir wissen ja eigentlich, dass es nur die Hollywood-Welt ist, aber leider übernehmen wir doch diese Muster. Wir wollen so perfekt sein wie der Held und alles können. Oder wir glauben, so schlank sein zu müssen wie die schöne Hauptdarstellerin, glauben, jede Liebe läuft so romantisch ab – fern jeder Wirklichkeit oder fern jeden Alltags. Dabei müssen wir gar nicht glauben, was uns da vorgegaukelt wird. Kein Mensch kann alles – oder eben nur in Filmen.

Schauen wir doch mal dahin, was mit uns passiert, wenn wir etwas für ein Projekt getan haben, das uns am Herzen liegt. Fühlt sich das nicht viel besser an, als wenn wir den Abend vorm Fernseher verbracht haben? Ich war und bin viel ehrenamtlich unterwegs. Schon früh wollte ich meinen Kindern zeigen, dass es zum Leben dazugehört, sich um Menschen zu kümmern, die gerade alleine nicht so gut klarkommen. Ich wollte nicht nur große Reden schwingen, dass die Kinder auch mal ihren Schulkameraden helfen sollten. Sie sollten bei mir sehen, dass es mich erfüllt und glücklich macht, etwas für andere zu tun. Bei manchen Projekten – zum Beispiel im Altersheim – nahm ich sie mit, und wir hatten selbstgebackene Kekse dabei. So erlebten auch die Kinder schon die Freude des Beschenkten. Man fühlt sich gut, wenn man anderen hilft – es hebt tatsächlich das Selbstbewusstsein. Es gibt ohne Ende Beispiele, wo wir tätig werden können. So wirkt einer meiner Freunde ehrenamtlich in einer Organisation mit, die Straßenhunde aus dem Süden Europas nach Deutschland bringt. Er erzählte sehr begeistert davon. Da gibt es einen selbst organisierten Fahrdienst – jeder übernimmt ca. 100 km und gibt den Hund dann an einen anderen Fahrer weiter. Das wird so lange gemacht, bis jeder Hund sein neues Zuhause erreicht hat. Im Süden Deutschlands werden sicherlich mehrere Hunde auf einer Fahrt übernommen. Hier im Norden ist es dann nur noch einer. Die Wege haben sich getrennt. Der Freund ist einer dieser Fahrer, und es bedeutet ihm viel, da mithelfen zu können. Es ist so vieles möglich, und der Einsatz bringt allen so viel. Es tut dem eigenen Selbstbewusstsein gut, die Welt zu verbessern.

Hier schließt sich so wundervoll der Kreis. Wenn wir die Kraft haben, die Welt zu verbessern – und sei dieses Stückchen auch noch so klein –, dann können wir dem Leben ganz anders vertrauen. So ermöglicht es unser eigenes Selbstbewusstsein, ganz anders auf Menschen zuzugehen. Ja, ihnen *vertrauensvoll* zu begegnen. Denn auch wenn wir mal enttäuscht werden sollten zwischendurch, dann haut uns das nicht um. Weil wir erkennen, dass das überhaupt nichts mit uns zu tun hat, sondern dass der andere ein Problem hat – nicht wir.

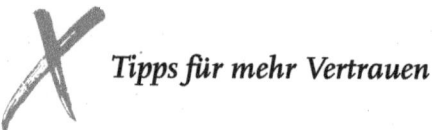 *Tipps für mehr Vertrauen*

Sorge für dich selbst – schütze diese zarte Pflanze in dir und sprich du ihr Mut zu. Erzähle ihr, was du am Tag alles Wichtiges für andere getan hast. Vergiss nicht das Lächeln, welches du anderen geschenkt hast!

Erkenne, dass du mit einem eigenen Wert auf diese Welt gekommen bist – mit Fähigkeiten, die nur du in dieser Kombination hast. Keiner sieht die Welt so wie du, keiner liebt wie du.

Binde deinem Kritiker den Schnabel zu. Einmal tief durchatmen, wenn du gerade im Begriff warst, dich selbst kleinzumachen – und an den vorherigen Tipp denken.

Gehe voller Vertrauen auf Menschen zu – sollten sie dich enttäuschen, dann ist es ein großes Problem des anderen, so handeln zu müssen, und hat nichts mit dir zu tun. Es mag sein, dass es trotzdem unangenehm ist für dich – aber das ist im Vergleich nur ein kleines Problem. Lass nicht

andere entscheiden, wem du vertraust. Offen auf
andere zuzugehen, verändert Welten. Lege für
dich fest, wo du vertrauen kannst und willst.

Schaue in die Vergangenheit, ob bei plötzlichen
Änderungen in deinem Leben – im Beruflichen
wie im Privaten – dieser neue Weg nicht vielleicht
viel schöner ist als der, den du dir vorgestellt hast.

Entdecke deine eigenen Talente. Mit welchen
Problemen und Anliegen kommen Freunde und
Verwandte auf dich zu? Frage sie auch gerne
direkt, was sie an dir schätzen.

Sei dir bewusst, dass die Entscheidung, wie du mit
einer Situation umgehst, immer bei dir liegt und
du kein handlungsunfähiges Opfer bist.

VERLETZBARKEIT

Weißt du eigentlich,
wie kostbar deine Verletzbarkeit ist?

W er vertraut, sich öffnet, macht sich verletzbar. Jeder Mensch trägt einen Rucksack, in dem sich die Verletzungen seines Lebens befinden. Das mögen Urteile aus der Kindheit sein, ausgesprochen von Menschen, die schon nicht mehr leben. Trotzdem leiden die Betroffenen immer noch darunter. Wie oft habe ich Sätze gehört wie diesen: «Ich habe in meinem Leben so viel Schlimmes erlebt, dass ich nie mehr glücklich sein kann.» Unsere Vergangenheit hat uns geprägt, hat unser Verhalten verändert, uns ängstlicher gemacht oder vorsichtiger. Wir haben dichtgemacht und nichts mehr an uns rangelassen. Glaubten, uns so schützen zu können. Dass uns das überhaupt nicht guttut, habe ich zwar schon lange geahnt, aber die Studie der amerikanischen Wissenschaftlerin und Autorin Brené Brown machte es mir plötzlich ganz klar.

Ausgangspunkt ihrer Forschung war die Erkenntnis, dass Menschen zum Glücklichsein Beziehungen brauchen. Das bestätigte schon die bereits erwähnte Harvard-Studie. Man möchte dazugehören – es heißt ja immer so schön, wir seien Herdentiere – und so angenommen werden, wie man ist.

Ablehnung verletzt uns. Die Möglichkeit, sich mit anderen verbunden zu fühlen, verleiht unserem Leben einen Sinn. Dennoch herrschen in vielen Beziehungen Missverständnisse und Chaos. Ziel Browns war es, deren Ursachen zu erkennen, darzustellen und das Ergebnis jedermann zur Verfügung zu stellen.

In der Studie sucht Brown also nach den Gründen für das Misslingen von Beziehungen. Sie schlussfolgert aus umfangreichen Befragungen, dass wir uns sichtbar machen müssen, um gesehen zu werden und in Beziehungen leben zu können. Ja, auch unsere Gedanken und Gefühle müssen erkennbar werden, wir müssen durch und durch authentisch sein, sonst könne keine Verbindung entstehen. Das bedeutet auch, unsere weniger strahlenden Seiten zu zeigen, Dinge zu offenbaren, für die wir uns vielleicht schämen.

Wenn wir uns derart öffnen, gehen wir die Gefahr ein, verletzt zu werden. Die Forscherin selbst hasst dieses Gefühl der Verletzbarkeit, wie sie in ihren online verfügbaren TED Talks schildert.* Sie sah in der Forschung für sich selbst die Chance, dieses problematische Thema in ihrem Leben nun endlich in Angriff zu nehmen. «Wenn alles in Tabellen eingetragen ist, dann kann mich die Verletzbarkeit nicht mehr tangieren. Ich werde die Scham völlig zerlegen können und überlisten», so ihr Motiv.

Die Tausenden Befragten unterteilte sie in zwei Gruppen: Die Angehörigen der ersten zeigten viel Selbstwertgefühl und ein Bewusstsein darüber, wie kostbar sie sind. Sie äußerten ein starkes Gefühl der Liebe und Zugehörigkeit. In

---

* https://www.ted.com/talks/brene_brown_on_vulnerability?language =de und https://www.ted.com/talks/brene_brown_listening_to_shame# t-652632 (abgerufen am 15. 07. 2019)

der zweiten Gruppe waren Menschen, die mit Beziehungen ein Problem hatten, die sich immer wieder fragten, ob sie gut genug seien. Sie fand einen fundamentalen Unterschied: Die Angehörigen der ersten Gruppe waren der Meinung, sie seien es wert, geliebt zu werden und dazuzugehören, jene der zweiten glaubten dies nicht von sich selbst. Das war der ganze Unterschied. Ein zentraler Punkt, der uns davon abhält, Verbindungen einzugehen, ist die Angst, diese Verbindung nicht wert zu sein. Dem ging die Forscherin nun auf den Grund.

Im nächsten Schritt nahm sie all die Interviews der Befragten mit erkennbarem Selbstwertgefühl und verfolgte nur diese Geschichten weiter. Was haben diese Menschen gemeinsam? «Aus vollem Herzen leben», war die Gemeinsamkeit, die ihr als Erstes in den Sinn kam. Sie leben rückhaltlos – sie halten nichts zurück. Sie konnten sich verbunden fühlen, weil sie authentisch waren. Nicht weil sie sich bemühten zu gefallen, sondern weil sie sich so gaben, wie sie waren. Diese Menschen hatten den Mut, unvollkommen zu sein. Waren mutig genug, zuerst gut zu sich selbst zu sein und dann zu anderen. Wie wir bereits gesehen haben, können wir kein Mitgefühl für andere haben, wenn wir mit uns selbst schlecht umgehen.

Die andere Eigenschaft, die sie gemeinsam hatten, war ihre Verletzbarkeit. Ja, diese Menschen waren sogar der Meinung, ihre Verletzbarkeit sei das Schöne an ihnen. Kein Handicap, sondern etwas absolut Notwendiges. Sie sprachen von ihrer Bereitschaft, als Erster «Ich liebe dich» zu sagen, auch wenn es von der anderen Seite keinen Garantieschein gab. Sie waren bereit, in eine Beziehung zu investieren, auch wenn es vielleicht nicht funktionieren würde. Ihnen war klar, dass ihr Engagement fundamental ist – das muss sein.

Brown macht deutlich, wo wir überall verletzbar sind und dass wir in einer verletzbaren Welt leben. Quer durchs Leben sind wir verletzbar: Ob wir krank werden, den Job verlieren oder in der Liebe abgewiesen werden. Es gibt keine Sicherheit in der Welt. Und doch streben wir nach immer mehr Perfektion in der Hoffnung, diesen Mangel ausgleichen zu können. Aber auch das ist ein Trugschluss. Eine Welt ohne Verletzbarkeit ist unmöglich.

Ganz egal, in welchem Bereich wir verletzt werden, es laufen ähnliche Muster in uns ab. Wir schämen uns und wollen über unsere Verletzung oftmals nicht einmal im Freundeskreis sprechen. Wir empfinden sie als einen Makel, haben Angst, dass es wieder passiert, verspüren Wut, Scham, Hilflosigkeit und Trauer. Alkohol oder Schokolade sollen diese Gefühle vertreiben oder betäuben.

Doch nun kommt die Erkenntnis, die die Forscherin nicht geahnt hat, ja die sie sogar völlig ausgehebelt hat: Unsere Verletzbarkeit ist nicht nur Nährboden dieser negativen Gefühle, nein, wir brauchen unsere Verletzbarkeit auch für die Lebensfreude, für das pralle Leben.

Wenn wir die Verletzbarkeit betäuben, um die schmerzhaften Seiten nicht spüren zu müssen, dann wird auch die für Freude zuständige Verletzbarkeit mit abgetötet. Freud und Leid haben die gleiche Wiege. Wir brauchen diese Offenheit, uns verletzen zu lassen, um in Beziehungen leben zu können. Wir brauchen sie aber auch in anderen Kontexten, um Neues zu kreieren und unsere Träume zu realisieren. Es ist immer die Angst, verletzt zu werden, die uns daran hindert, unser Leben so zu leben, wie wir es gerne möchten. «Eigentlich wollte ich immer mal ...» beginnt so manch ein Satz – aber dann flüstert uns unser innerer Kritiker ins Ohr: Sei doch realistisch, dann wirst du auch nicht enttäuscht.

Nur wer die Bereitschaft mitbringt, sich verletzbar zu machen, wird im Leben erfolgreich sein. Was immer man darunter versteht – ob im Beruf oder im Privaten. Erfolgreichen Menschen ist bewusst, wie wichtig ihre Verletzbarkeit ist – ja dass sie diese Sensibilität brauchen. Sie ist nicht immer angenehm, doch das nehmen sie gerne in Kauf.

Lass uns hier kurz innehalten. Die Ursache für Schmerz – deine Verletzbarkeit – als Kostbarkeit zu sehen scheint auf den ersten Blick schwierig. Man möchte den Schmerz nicht – versucht alles Mögliche, um ihn abzustellen oder zu betäuben.

Ich erzähle mal, wie es mir ergangen ist.

Schon als Kind gab es etwas in mir, das mich stolz sein ließ, überhaupt so einen Schmerz zu empfinden – dass ich zu so tiefen Gefühlen fähig war. Meine Mutter hatte es sehr raffiniert geschafft, uns, wenn sie etwas verbot, das Gefühl zu vermitteln, dass sie es nur deshalb tat, weil wir etwas Besonderes waren. «Alle dürfen zu der Party, nur ich nicht», hielt ich für das beste Argument, um meine Mutter zu überzeugen. Weit gefehlt. «Das verstehst du jetzt noch nicht, für die anderen Kinder ist das okay, aber das passt nicht zu dir», beendete sie jede Diskussion. Ich habe es ohne viele Widerworte akzeptiert. Fühlte mich dadurch getröstet. Ob ich dadurch verinnerlicht habe, etwas Besonderes zu sein? Keine Ahnung. Auf jeden Fall habe ich diesen Trick auch erfolgreich bei meinen Kindern angewandt.

Auch als Erwachsene konnte ich diese Kostbarkeit im Schmerz erkennen. Vielleicht ergeht es dir ähnlich, wenn du die passende Musik zu deinem Schmerz hörst, wenn du dich in diesen Schmerz hineinfallen lässt. Eine gewisse Süße ist dabei, die kostbar ist, nicht wahr? Diese Traurigkeit anzunehmen ist wichtig, darin verweilen sollten wir allerdings nicht. Das macht nicht glücklich.

Browns Studie beweist, dass unsere Verletzbarkeit auf der einen Seite negative Gefühle wie Scham, Wut und Trauer hervorbringt, dass sie aber auf der anderen Seite auch die Voraussetzung ist für Liebe, Kreativität und Lebensfreude – für ein Leben «aus ganzem Herzen».

Zu wissen, welchen Nutzen unsere Verletzbarkeit hat, macht uns stark. So spüren wir, dass wir keinen Schutzwall bauen sollten, dass es keine Grenzen im Kopf geben darf. Wir bleiben verletzbar – auch wenn es weh tut.

WIE VERMEIDE ICH VERLETZUNGEN, OHNE MAUERN ZU BAUEN?

Es ist eine große Herausforderung, ich weiß. Wir wollen auf der einen Seite offenbleiben und auf der anderen keinesfalls wieder verletzt werden. Lass uns einmal überlegen, wie wir in Zukunft reagieren können, wenn andere uns vors Schienbein treten. Ich habe gelernt, die Situation mit ganz anderen Augen zu betrachten. Wenn nun jemand meint, mich verletzen zu können, dann nehme ich das zur Kenntnis und bleibe auf Distanz. Ich halte es so wie Bill Gates: Dieser soll gesagt haben, dass, wenn ihm jemand an den Kopf werfe, was für ein Versager er sei, wie unfähig, wie dämlich oder was auch immer, dann würde er diese Beschuldigungen gar nicht annehmen, weil er wisse, dass es nicht stimme. Er würde vielleicht mitfühlend fragen, ob es dem anderen gutgehe oder ob er zu viel Sonne abbekommen habe und einen Arzt brauche. Diese Anschuldigungen haben nichts mit ihm zu tun.

Unser Leid rührt daher, dass wir ein Zipfelchen Wahrheit in den schmähenden Worten der anderen vermuten. Wenn wir dem Kollegen, dem Partner, dem Busfahrer oder wem auch immer die Freiheit geben, das zu sagen, was sie wollen, uns jedoch vor Augen führen, dass es überhaupt nichts mit uns selbst zu tun hat, dann wird es einfacher. Ich sehe darin nur noch den Zustand des anderen und grenze mich davon ab. Natürlich würde ich mir überlegen, ob ich weiter mit der Freundin im Kontakt bleiben möchte, die meint, mich ständig kritisieren zu müssen. Vermutlich nicht. Aber verletzen würden mich ihre Worte nicht. Okay, das kann sie gerne so sehen, wenn sie möchte. Tatsächlich frage ich in solchen Situationen manchmal nach: Wieso sagst du mir das? Was möchtest du damit erreichen? Dann wird die Peinlichkeit meines Gegenübers auch ihm schnell bewusst.

Verletzungen wie ein Postpaket mit «Annahme verweigert» wieder zurückzusenden gefällt mir sehr gut. Ich hake das Geschehen ab, akzeptiere, dass es unangenehme Menschen gibt, nehme es nicht persönlich. Ich gebe den anderen nicht die Macht, mich zu verletzen. Es gelingt – nicht immer sofort, aber irgendwann ganz sicher.

DER RICHTIGE UMGANG MIT VERLETZUNGEN

Hat es uns doch einmal getroffen, gilt es, richtig mit den Verletzungen umzugehen. Um nicht immer an ihnen zu leiden, kommt es vor, dass wir sie verdrängen. Das ist sicherlich eine gesunde Soforthilfe gegen den Schock. Aber wir wissen alle, Verdrängung hält leider nicht an. Bei den seltsamsten Anlässen kommen Verletzungen wieder hoch – und tun dann noch genauso weh wie damals. Ein Potpourri an Gefühlen fällt über uns her und hält uns im Würgegriff: Wut, Scham, Angst, Aggression, Hilflosigkeit, Rache, Trauer, Hass, Eifersucht, Verletzlichkeit, Trauer, Schmerz.

Keine Demütigung, keine Herabsetzung, keine Bloßstellung können wir ungeschehen machen. Das stimmt. Dies anzuerkennen ist der erste Schritt in die Freiheit: «Ja, das gehört zu meinem Leben dazu, das ist mir passiert.» Puh, wie fiel mir das damals schwer. Ich wollte das nicht, ich wollte das weghaben aus meinem Leben. Aber wir wissen ja selbst: Weg bekommen wir es nicht. Mir das einzugestehen war unglaublich wichtig.

Wir können allerdings etwas tun, um uns dennoch zu befreien. Raus aus dem Würgegriff. Rein in eine unbelastete Zukunft. Schon Sokrates sagte: «Fokussiere all deine Energie nicht auf das Bekämpfen des Alten, sondern das Erschaffen des Neuen.» Das geht nur, indem wir *verzeihen*.

Dieses Wort möchte ich aufpolieren, denn sein Ruf wird ihm nicht gerecht. Um zu verzeihen, müssen wir nichts leugnen oder beschönigen oder kleinreden. Nein, das alles nicht. Das Erlebnis bleibt so traurig oder so verachtenswert, wie es war. Das Verbrechen bleibt genauso kriminell, wie es damals war. Der andere muss auch gar nicht erfahren, dass wir ihm verzeihen. Durch das Vergeben befreien wir uns selbst, entziehen dem Ereignis und dem Menschen, der es verursacht hat, die Macht, uns zu erreichen. Es gab verschiedene Anlässe in meinem Leben, wo ich das üben konnte. Jedes Mal musste ich wieder von vorne anfangen. Meine unendliche Phantasie, wie ich dem anderen schaden könnte, stoppte ich, indem ich mir sagte: «Ich verzeihe ihm.» Dieses Verzeihen war nur ein Satz in meinem Kopf, mehr nicht – in meinem Herzen war davon nichts zu spüren. Am Anfang ploppten sicher zwanzigmal am Tag Rachegedanken in meinem Kopf auf, die ich mit diesem Mantra, «Ich verzeihe ihm», rauswerfen musste. Es dauerte Wochen und Monate, bis dieses Verzeihen schließlich in meinem Herzen angekommen war. Erst dann fühlte ich es wirklich und wurde frei. Ja, es konnte wieder Achtung, Vertrauen, Liebe fließen, etwas, was ich vorher für völlig ausgeschlossen gehalten hatte. Ich übte im Job, in der Ehe, überall. Mein unbändiger Freiheitswille hat mir dazu die notwendige Kraft gegeben. Ich hatte keine Lust, mit diesem Kloß im Hals, diesem Ziehen im Magen rumzulaufen. Immer zu leiden, wenn ich nur daran dachte, was damals passiert war. Heute denke ich an solche Situationen wie an einen vor langer Zeit gebrochenen Arm. Ja, es ist damals passiert, ja, es tat weh, aber das ist ja zum Glück vorbei. Ich nehme heute nur das mit in die Gegenwart, was ich aus den jeweiligen Situationen gelernt habe. Es hat uns sicherlich stärker gemacht für die Lebensstürme, die zu jedem Leben dazugehören.

Ich erinnere mich noch an einen Bauleiter auf einer sehr großen Hotelbaustelle. Man hatte mich mit der Einrichtung des zukünftigen Hotels beauftragt und bereits zu den Rohbau-Baubesprechungen eingeladen. Dieser Bauleiter war jedoch der Meinung, eine Frau hätte auf der Baustelle nichts verloren – und schon gar nicht ich. Er gab mir falsche Baupläne. So stand ich nicht nur in der nächsten Besprechung mit den falschen Planungen da, sondern hatte auch doppelte Arbeit. Er gab sich erstaunt, dass ich solchen Mist verzapfte, denn er habe mir doch die richtigen Pläne geliefert. Schon beim Beschreiben dieser Situation kommt dieses Gefühl der Hilflosigkeit wieder hoch, das ich damals verspürte. Zwei junge Männer mit anderen Aufträgen am Bau (Elektro- und Bad-Installation), die ebenfalls immer aktuelle Pläne brauchten, nahmen sich meiner an und versorgten mich mit dem nötigen Material. Meine Wut dem Bauleiter gegenüber war deshalb nicht verschwunden. Sein Grinsen und seine herablassende Art bei jeder Begegnung brachte meine Phantasie auf Trab, wie ich ihm schaden könnte. Hier sagte ich mir jedes Mal: Ich verzeihe ihm, ich verzeihe ihm, ich verzeihe ihm, um mich davon frei zu machen. Das gelang mir tatsächlich, er wurde mir unwichtig – das spürte er. Ich gewann an Stärke und legte die Opferrolle ab, er hingegen war verunsichert. Ein herrlicher Anblick für mich. Ich hatte ihm den Spaß verdorben. Enge Freunde wurden wir nie – aber wir konnten tatsächlich harmonisch zusammenarbeiten. Er ging mir aus dem Weg, ich war nicht böse drum.

Es geht mir hier nicht nur um Dinge, die uns von böswilligen Menschen absichtsvoll zugefügt wurden. Ich zum Beispiel kam lange nicht mit dem frühen Tod meines Vaters zurecht, der mich mit meinen neunzehn Jahren völlig aus der Bahn geworfen hatte. Keiner durfte mit mir darüber sprechen. Ich habe es verdrängt, weil ich an der Ungerechtigkeit verzweifelte. Er war mein Held. Meine heile Welt war zerstört. Auch diesen Schmerz wollte ich loswerden. Hier würde ich es nicht unbedingt verzeihen nennen. Aber diese Wut, diese Enttäuschung, diese Sehnsucht und Hilflosigkeit wollte ich nicht länger mit mir herumtragen. Ich weiß nicht, ob ich das, worauf ich da sauer war, Schicksal genannt habe. «Ja, ich nehme es an, ja, ich nehme es an», war hier mein Mantra, wenn ich an dieses bittere Ereignis dachte. Ich habe gelernt, das schmerzhafte Ereignis liebevoll in mein Leben zu integrieren.

Ja, der Tod meines Vaters gehört zu meinem Leben dazu. Es gibt kein Leben ohne Schwierigkeiten. Wenn es weh tat, bin ich am schnellsten gewachsen. Unsere Vergangenheit ist unser Sprungbrett in die Zukunft. Wir haben aus unseren Schwierigkeiten gelernt – sind empathischer geworden, sensibler, rücksichtsvoller, was auch immer. In dem ganzen Desaster gab es Geschenke. Das zu erkennen, lässt das Unglück in einem anderen Licht erscheinen. Lässt uns selbst milder darauf schauen, macht es leichter annehmbar. Mir entgegnete mal jemand erbost: «Ich würde auf diese Geschenke liebend gerne pfeifen, wenn ich nur das zurückbekäme, was ich verloren habe.» Das kann ich verstehen. Aber diese Wahl haben wir gar nicht. Passiert ist es – das können wir nicht mehr ändern. Wir können nur wählen, ob wir dauerhaft darunter leiden wollen. Verzeihen und akzeptieren befreit uns von dem Schmerz.

Worunter ich im Erwachsenenalter am meisten litt, ist heute mein Pfund. Meine Energie, mein Engagement, meine Stärke, mein Eintauchen in Themen, mein Wertesystem. Damals war ich für andere Menschen oft «too much». Zu intensiv, zu interessiert, zu kreativ, zu weit vorne. Meine Kinder baten mich bei ihren Schulkonzerten: Kannst du bitte leiser klatschen und nicht als Erste? Meinen Mann überforderte ich mit meiner Energie, er stellte mir Hindernisse in den Weg. Für jemanden, der seine Ruhe haben will, bin ich ein Störenfried. Bei der Arbeit sollte ich bitte in Zukunft nicht mehr sagen: Ja, das mache ich gerne. Das würde sich so anhören, als ob die anderen es nicht gerne machten. Ich wartete bei der nächsten Besprechung ab – keiner öffnete den Mund und übernahm den Job. Okay, einmal ausprobiert, nie wieder getan. Ich blieb, wie ich war. Ich machte es gern.

Im Laufe meines Lebens habe ich viele Verletzungen für mein Anderssein erfahren. Ich selbst empfand mich als normal, kam aber manchmal ins Zweifeln, wieso andere so anders waren und so wenig vom Leben erwarteten. Ich wollte das Klavier immer von ganz unten bis ganz oben spielen. Schmerzen schaffen Tiefe – und die will ja bekanntlich mit Freude gefüllt werden. Das habe ich damals schon meinen Kindern erklärt. Da ich diese Intensität im Außen nicht immer leben konnte, habe ich gelernt, sie im Innen zu finden. Ich liebe dieses intensive Lebensgefühl. Sich einfach so des Lebens zu freuen. Ich muss nicht mehr mit angezogener Handbremse leben. Ich kann so sein, wie ich bin, und werde dafür als Greta Silver sogar noch gefeiert. Wenn mir das früher jemand gesagt hätte, dann hätte ich das für einen Traum gehalten. So können aus Verletzungen Perlen werden – auch das ist möglich.

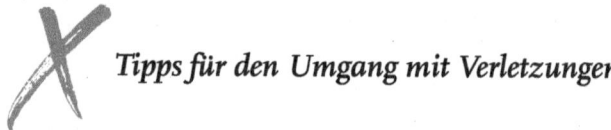 **Tipps für den Umgang mit Verletzungen**

Nimm Verletzungen an, sie gehören zum Leben dazu. Sei dir bewusst, wie kostbar es ist, dass du kein Betonklotz bist ohne Empfindungen. Wir brauchen unsere Verletzbarkeit für ein gelingendes Leben. Um zu erkennen, wie kostbar deine Verletzbarkeit ist, führe dir vor Augen, was dir alles entgehen würde, wenn du dich abschottest.

Wenn Gedanken an Verletzungen auch nach langer Zeit immer wieder auftauchen, dann sage dir: Ich verzeihe ihm / ihr. Führe diese Übung so lange durch, bis das Gefühl des Verzeihens im Herzen ankommt. So befreist du dich von den negativen Gedanken und ermöglichst einen neuen Austausch. Es wird dann leichter zu akzeptieren, dass wir nicht wissen, wieso derjenige so gehandelt hat. Auch eine ehrliche Entschuldigung können wir dann besser entgegennehmen.

ANGST

Weißt du eigentlich,
wie du deiner Angst die Stirn bieten kannst?

ngstfrei zu leben verleiht uns Flügel. Es ist eine neue
Freiheit. Das Thema Angst bestimmt viele Teile unseres Lebens und ist uns immer wieder begegnet – auch in
diesem Buch –, in mannigfaltigen Formen (Angst vor Fehlern / Kritik / Blamage / Liebesentzug etc.). Der Weg führt
raus aus all den Schutzwällen, die wir gemauert haben. Die
sich nach und nach als Gefängnismauern enttarnen.

Wir mauern ja ganz unbewusst, wollen schließlich nicht
immer wieder neu verletzt werden. Sind ja lernfähig – so unsere Argumentation. Aber was passiert denn dann mit uns?
Wir werden immer vorsichtiger, immer zögerlicher, trauen
uns nichts mehr zu, gehen abends nicht mehr ins Kino, denn
wir könnten ja überfallen werden, sprechen die Nachbarin
lieber nicht an, denn sie könnte es falsch verstehen, erzählen im Job nicht von unserer neuen coolen Idee, denn wir
könnten dafür ausgelacht werden. Wir verharren lieber in der
alten schmerzhaften Situation, denn da wissen wir, was wir
haben. Das Neue könnte ja noch schlimmer sein.

Wir haben Angst, unsere Meinung zu sagen, denn wir

fürchten, abgelehnt zu werden. Das Herdentier steckt immer noch in uns, wir wollen Teil unserer Umgebung sein. Unsere Angst, hilflos zu sein, keine Kontrolle über die Situation zu haben, belastet unseren Körper und unser Wohlbefinden.

Die erste große Lektion im Umgang mit Angst haben mir Einbrecher erteilt. Ein lauter Knall hatte mich nachts aus dem Schlaf hochschrecken lassen, und vor meinem inneren Auge sah ich deutlich, wie die Einbrecher mich umbringen würden. Ein Schuss wäre zu laut im Reihenhaus, sie würden das Messer wählen. Ungerufen rauschten diese Bilder durch meinen Kopf und lösten ganze Lawinen körperlicher Reaktionen in mir aus. Mein Körper tat alles, um mich auf Flucht vorzubereiten – Adrenalin kurbelte den Herzschlag an, die Herzkranzgefäße weiteten sich, der Blutdruck stieg, die Blutgefäße verengten sich, die Skelettmuskulatur war stärker durchblutet in Erwartung eines Sprints, das Blut verdickte sich in Vorbereitung auf Verletzungen, die Bronchien erweiterten sich, um mich mit Luft zu versorgen, der Stoffwechsel wurde angekurbelt, um Energie bereitzustellen, kalter Schweiß regelte die erhöhte Temperatur. Ich war hellwach und nur auf die Gefahr fokussiert.

Als ich längere Zeit nichts gehört hatte, keine Schritte, keine zersplitternden Scheiben, sagte ich mir: Die Einbrecher werden wohl eingesehen haben, dass bei uns nichts zu holen ist. Mein Körper pendelte zurück auf Normalbetrieb, und ich schlief wieder ein.

Am nächsten Morgen sah ich, dass auf dem Balkon ein Brett umgefallen war, weiter nichts. Ein Gedanke ging mir durch den Kopf: Stell dir nur mal vor, du machst dich dein Leben lang vor Einbrechern verrückt, und es kommt keiner. Dann wäre ja quasi alles umsonst gewesen! So wollte ich mich nicht selbst auf den Arm nehmen. Ich konnte von heute auf morgen den Schalter umlegen und hatte keine Angst mehr vor Einbrechern – es ist auch nie einer gekommen.

Diesen Umgang mit der Angst übertrug ich nach und nach auf andere Situationen. Angstfrei zu leben ist ein unglaublich schönes Lebensgefühl. Ich meine damit nicht die Angst vor einem lodernden Feuer oder heranrasenden Auto. Diese Angst ist rational und sichert uns das Überleben.

Wenn wir Angst haben, funktioniert unser Gehirn nur noch eingeschränkt, es greift auf alte, gewohnte Muster zurück. Der Raum für kreative Lösungen ist abgeschaltet.

Ich habe mich entschieden, erst dann wieder ängstlich zu sein, wenn bewiesen ist, dass Angst meine Zukunft positiv verändert. 95 % meiner Angst wandte ich früher für Befürchtungen auf, die allesamt nicht eingetreten sind. Das ist eine statistische Größe, die mehr oder weniger auf uns alle zutrifft. Ich kam mir dabei noch besonders vorausschauend vor und nannte es «meinen Katastrophenhorizont abgreifen». Wollte vorbereitet sein. Dabei hat die ständige Sorge nur meine Stimmung heruntergezogen, mich belastet und mir schlaflose Nächte bereitet. Mark Twain brachte es wunderbar auf den Punkt: «Ich bin ein alter Mann und habe viel Schreckliches erlebt, aber zum Glück ist das meiste davon nie eingetroffen.»

Wir haben den Schlüssel in der Hand: Wir können selbst entscheiden, ob wir diesen Gedanken Raum geben.

Angst ist heute ein Marketinginstrument, mit ihr kann man Wahlen gewinnen und Zeitungen verkaufen. Haben wir Angst vor der Zukunft? Wie schätzen wir unsere Sicherheit ein? Die Klage, dass es mit Deutschland und der Welt bergab ginge, ist ja weit verbreitet – aber spiegelt sie tatsächlich die Realität wider?

Hier ein paar Fakten*:

In Hamburg gab es 2018 20 % weniger Einbruchsdiebstahl, gegenüber dem Vorjahr, und gegenüber 2015 verringert sich die Zahl sogar um 48,9 % – ein historischer Tiefstand wie vor 30 Jahren. Raubüberfälle fielen auf den niedrigsten Stand seit 1981. Deutschlandweit ist Wohnungseinbruchsdiebstahl im letzten Jahr um 16 % gesunken. Vor 20 Jahren lebten 29 % der Weltbevölkerung in extremer Armut, jetzt sind es nur noch 9 %. Die Kindersterblichkeit ist von 44 % auf 4 % gefallen. Heute gibt es eine durchschnittliche Lebenserwartung von weltweit 70 Jahre. Anfang des 19. Jahrhunderts lag sie bei 30 Jahren.

Natürlich ist noch viel zu tun – ganz ohne Frage –, und solange noch ein Kind an Hunger stirbt, gehört diese Tatsache in die Nachrichten. Aber ich möchte hier nur mal unser Grundgefühl beleuchten. Entspricht das der Realität – oder glauben wir, alles wird schlimmer? Hier ist es gut, sich mal die Fakten anzusehen.

Doch nun mal wieder zurück zu uns: Wovor hast du Angst? Kennst du die Angst vor Entscheidungen und Veränderungen? Wir verstecken uns so gerne hinter der trügerischen, vermeintliche Sicherheit vermittelnden Überzeugung: Was ich hab, das kenn ich – wer weiß, ob das Neue tatsächlich meinen Erwartungen entspricht? Das ist ein sehr zäher Klebstoff, der uns in unseren ausgetretenen Bahnen festhält. Ich mag hier die Frage sehr: Wie würdest du entscheiden, wenn du keine Angst hättest? Male dir einmal aus, wie du dich fühlen würdest ... Genau! Dieses Gefühl kann so verlockend

---

* https://www.faz.net/aktuell/wirtschaft/die-welt-wird-immer-besser-32-gute-nachrichten-15524076.html, Stand: 9. August 2019

sein, dass es mir Flügel verleiht und ich über geistige Gräben springen kann. Ich hatte trotzdem immer meine Liste mit Problemen, die auftauchen könnten – ich war nie eine Hasardeurin, die große Risiken eingeht. Aber zu wissen, ich habe es wenigstens versucht und damit eine Chance ergriffen, den Sieg davonzutragen: Das will ich mir nicht entgehen lassen. Ich möchte mir nicht mit 120 Jahren sagen: Ach, hätt ich es doch damals bloß ausprobiert – vielleicht hätte es ja geklappt!?Angst versteckt sich hinter Weisheit. Sie versucht uns aufzuzählen, was alles schieflaufen könnte. Aber trotzdem bleibt die Angst ein Gefühl. Sie ist ein feiger Berater – sie hält uns klein.

Eine weitere spannende Frage: Ist «Klartext» eine Fremdsprache für dich? Redest du lieber um den heißen Brei herum, statt mal mit der Sprache rauszurücken? Hast du Angst, deine eigene Meinung zu sagen, wenn die vermutlich nicht allen passen wird? Klar, es ist wichtig, respektvoll und empathisch und klugerweise auch diplomatisch miteinander zu kommunizieren – das ist unbenommen. Wir müssen uns nur bewusst machen: Klarheit schließt diese Eigenschaften nicht aus. Sie ist sogar Teil davon. Wir lassen den anderen wissen, woran er ist, wie wir denken, wie wir empfinden. Unser Umfeld kann schließlich nicht hellsehen. Wenn wir ehrlich sein wollen mit unseren Gesprächspartnern – und mit uns –, müssen wir die Dinge beim Namen nennen. Die Art und Weise, wie wir das tun, ist entscheidend.

Ich habe das Klartextsprechen auch üben müssen. Habe manchmal nur gesagt: Das sehe ich anders. Ohne weitere Erklärung. Ich wollte nicht stillschweigend zustimmen, wenn mir etwas gegen den Strich ging, ich mich aber eben auch lieber nicht weiter in die Sache reinbegeben wollte, aus Angst, meine Erklärung könnte abgelehnt werden, nicht verstanden werden. Offensichtlich ist das dahinterliegende Problem also vor allem: mangelndes Selbstvertrauen. Aber haben wir Angst, die Verantwortung für unser eigenes Leben, für unsere Gefühle und Gedanken zu übernehmen und somit uns zu verstecken, hat das ganz schmerzhafte Konsequenzen. Wir bleiben nicht bei uns. Ein Stück weit verleugnen wir uns. Wege daraus habe ich an anderer Stelle beleuchtet. Ich bleibe hier mal bei der Angst.

Angst ist ein Luftballon. Wenn ich erzähle, das und das ist Schlimmes in der Stadt passiert, ja und das gab es auch schon mal in einem anderen Bundesland, und oh Schreck, das kam auch schon mal in einem anderen Land vor, und wenn das dann auch in unserem Dorf / in unserer Stadt passiert, dann ist zappenduster, und die Katastrophe ist da. Wenn ich genau das Gegenteil mache und erzähle, das und das ist Wunderbares hier, dort und da auch noch passiert, und wenn das dann auch in unserem Dorf / in unserer Stadt passiert, dann feiern wir alle eine Party – da würde doch jeder sagen: Stopp mal, Greta, wart's doch erst mal ab. Wenn ich aber die pessimistische Variante vortrage, gleicht das manchmal fast einem Tatsachenbericht. Beides sind nur Luftballons, da kann ich reinpiksen – peng, weg ist er. Aber der Mensch neigt dazu, eher an das Negative zu glauben. Und lädt sich somit einen schweren Stein auf die Seele, denn schon diese dunklen Gedanken sorgen für ein großes Unwohlsein, für dieses diffuse Angstgefühl. Ist es nicht so? Und möchte man dieses Gefühl wirklich haben? Nein. Muss man auch nicht. Hier kommen meine Tipps.

 *Tipps für frischen Mut*

Wenn du Entscheidungen treffen möchtest, frage dich: Wie würde ich entscheiden, wenn ich keine Angst hätte? Stell dir vor, wie du dich fühlen wirst, wenn du dich getraust. Male es dir in den schönsten Farben aus. Vorfreude ist eine tolle Antriebskraft. Überlege, was dir alles entgeht, wenn du deiner Angst gestattest, dein Leben so einzuschränken.

Bei Angst davor, Opfer von Kriminalität zu werden, schau dir Statistiken an. Sie rücken die Dringlichkeit dieser Angst ins rechte Licht.

Wenn du Angst hast, deine Meinung zu sagen, fang vorsichtig damit an, es dennoch zu tun. Das kann sogar manchmal nur ein bedächtiges Kopfwiegen sein, welches klarmacht, dass du da anderer Meinung bist, zunächst nur in Zweier- gesprächen. Dann werde immer mutiger. Sage, was dir im Kopf rumgeht. Auch wenn mehr als eine Person in die Diskussion / die Sache involviert ist. Eigentlich wünschen wir uns, dass

Menschen uns ihre Aufmerksamkeit schenken. Nur wenn es so viele sind, die zuhören, dann schleicht sich wieder die Angst ein, man selbst ist vielleicht auf dem falschen Dampfer. Fürchte nicht die Bewertung anderer. Bleib bei dir. Hab Vertrauen in dich. Dann stehst du vielleicht sogar irgendwann auf einer Bühne und sprichst vor vielen Menschen ...

EINSAMKEIT

Weißt du eigentlich,
dass du nicht einsam sein musst?

Fehlt uns das Vertrauen in uns selbst und andere, schotten wir uns ab aus Angst vor Verletzungen, dann scheitern wir schnell am Aufbau der für unser Glück so wichtigen Beziehungen. Ich kenne die schreiende Einsamkeit – auch als ich mitten in der Familie lebte. Es gab keinen, mit dem ich mich austauschen konnte, keinen, der mich verstand, keinen, dem es wichtig war, wie ich dachte. Keiner wollte meine Gedanken kennenlernen. Ich war liebevoller Versorger und als dies gern genommen. Mein Mann war in anderen Welten unterwegs, Beruf und Fernseher waren wichtiger.

Es gab so viel zu tun, dass ich mir über diese Einsamkeit nicht täglich Gedanken machen musste. Je mehr ich beschäftigt war, umso weniger fühlte ich den Schmerz. Der kam in der Stille, wenn ich allein war. Sehnsuchtsvolle Musik ließ mich erst recht in Traurigkeit versinken. Ich habe mich bedauert und sah keine Möglichkeit, da rauszukommen. Dachte, ich sei von anderen abhängig.

Irgendwann verstand ich, dass jeder Mensch allein ist. Niemand kann ihm die Verantwortung für sein Leben abnehmen – ob wir nicht nur allein, sondern auch einsam sind, das liegt in unserer Hand. Ich rede nicht von Kindern – sie lernen es erst Stück für Stück, Verantwortung zu tragen. Aber auf diese Verantwortung konnte und wollte ich auch gar nicht zurückgreifen, wenn es um meine eigene Mutter ging.

Diese Erkenntnis krempelte mein Leben komplett um. Äußerlich blieb alles beim Alten – aber ich litt nicht mehr, ich handelte. Ich ging auf die Menschen zu. Heute weiß ich, dass diese Klarheit in mir vollkommen neue Signale nach außen sendete. Das Umfeld spürt, wenn man offen ist für neue Beziehungen. Andere Menschen kamen plötzlich auch auf mich zu – man fand sich und schloss neue Freundschaften.

SUPERKRAFT NEUGIER

Nur wir selbst können uns aus der Einsamkeit befreien. Können uns öffnen für andere. Begeisterungsfähigkeit und Neugier sind die wichtigsten Eigenschaften, um jung zu bleiben – das hat die Hirnforschung bewiesen. Diese Eigenschaften führen uns auch aus der Einsamkeit heraus. Sich wieder für etwas anderes interessieren. Was waren die alten Hobbys und Träume?

Neugier – damit meine ich auch, sich für das Leben der anderen zu interessieren. Wenn man mitbekommt, dass die Nachbarin krank ist, dann ruhig mal klingeln und fragen, ob man den Einkauf erledigen kann oder ob man in der Zeit mal mit dem Hund gehen soll. So etwas schafft Beziehungen. Nicht dieses so verbreitete «Das geht mich nichts an». Doch, ich finde schon. Jemandem helfen zu können macht beide Seiten glücklich.

Vielleicht mag man selbst solche Hilfe nicht annehmen,

weil man keine Verpflichtungen haben möchte. Man glaubt dann, eine Gegenleistung erbringen zu müssen. Schrecklich, dieser Kreislauf. Ich finde es daher sehr charmant, wenn man gleich sagt: «Nicht, dass Sie auf die Idee kommen, Sie müssten das für mich auch mal machen – nein, Sie werden das einfach bei anderen machen.» Die Kette geht immer weiter, nicht vor und zurück.

Das alles schreibt sich leicht, und doch weiß ich, dass manche sich so weit zurückgezogen haben, dass diese Schritte schon riesig wären. Sie sind richtig menschenscheu geworden. Ich vermute, aus Angst, nicht verletzt zu werden. Aber genau weiß ich es nicht.

Ich hatte mal eine Freundin, die mir erst später gestand, dass sie sehr einsam war. Auch sie hatte Familie – einen Mann und drei Kinder. Sie sagte, sie schaue manchmal einfach aus dem Fenster und wisse nicht, was sie außer putzen machen solle. Sie hatte eine perfekte Mauer um sich herum aufgebaut – keiner ahnte etwas. Wenn ich anrief, um zu fragen, ob sie mitkommen wolle ins Kino oder zu einer Ausstellung, dann habe sie manchmal nur deshalb nein gesagt, damit ich nicht merkte, dass sie einsam sei. Sie wäre liebend gerne mitgekommen. Ich glaube, so geht es vielen. Man schämt sich für seine Einsamkeit, als sei das ein Makel.

Das darf nun wirklich nicht sein. Wie kann man sich aus dieser Situation befreien? Es gibt im Internet die Möglichkeit, nach Postleitzahlen sortiert ein Ehrenamt in der Nähe zu finden, zum Beispiel über die Aktion Mensch. Da kann man aus 16 verschiedenen Rubriken wählen. Ob im Bereich Kultur oder Bildung, ob bei Tierschutz oder Kranken, die Auswahl ist groß. Sich dort mal zu informieren, da hinzugehen als jemand, der nicht um etwas bittet, sondern der anderen helfen möchte – das kann ein guter Weg aus der Zwickmühle sein.

Es weiß keiner, was unsere Motivation ist, ob wir die Welt etwas besser machen wollen oder ob wir dabei auch etwas für uns tun, um aus der Einsamkeit rauszukommen. Und so hat man auch wieder etwas zu erzählen. Kann der Nachbarin oder den Kindern davon berichten, was man erlebt hat.

Ich habe mich damals in der Caritas, einer kirchlichen Organisation, ehrenamtlich engagiert und alte Menschen, die alleine waren, besucht. Bin auch mit ihnen zusammen einkaufen gegangen oder habe einfach nur geplaudert. Das hat mir sehr geholfen. Wenn sie mir ihre Kriegsgeschichten erzählten, dann wusste ich, dass meine Probleme Kinkerlitzchen waren. Ich kam immer sehr gut gelaunt von diesen Treffen nach Hause – wissend, dass ich auch das Leben der anderen etwas fröhlicher gestaltet habe.

Wenn man es nicht mehr gewohnt ist, sich zu unterhalten, dann wählt man Tätigkeiten, wo das auch gar nicht gefragt ist. Ob man nun im Tierheim fragt, ob man helfen kann, oder in der Schule als Lesepate zur Verfügung steht (dabei lesen Kinder einem etwas vor, und man korrigiert sie liebevoll in der Aussprache). Ich zum Beispiel habe auch ehrenamtlich in der Schule meiner Kinder gearbeitet und ausländischen Kindern beim Deutschlernen geholfen. Ich habe Kinderbücher mitgenommen und die Gegenstände benannt, habe mit ihnen alltägliche Vokabeln wie «Tür auf und zu machen» oder «sich hinsetzen» geübt. Eigentlich war das alles Pantomime, denn ich konnte die Sprache der Kinder gar nicht. Dabei wurde viel gelacht, und irgendwie kamen wir doch voran und lernten alle dazu. Wenn einem diese Art des Gesprächs nicht liegt, man sich aber auch nicht fit genug fühlt, um mit Hunden Gassi zu gehen, kann man vielleicht das Equipment in seinem Sportverein auf Vordermann bringen. Da hat man nur lockeren Kontakt zu anderen, muss also nicht selbst für Unterhaltung sorgen.

Eine Alternative zum Ehrenamt sind die in vielen Städten organisierten Tauschbörsen, manchmal nach Stadtteilen sortiert. Da tauschen Menschen das, was sie brauchen, gegen etwas, was sie geben können. Nicht immer direkt, sondern über einen Pool. Also jemand benötigt zum Beispiel Hilfe bei der Fahrradreparatur und könnte das ganz toll mit Kuchenbacken oder Suppekochen ausgleichen. Wenn der Fahrradkünstler nun gar keine Suppe oder Torte mag, könnte das schwierig werden. So tauscht man Punkte. Jemand anders bekommt den Kuchen und gibt dann Punkte an den Helfenden weiter.

Ich merke gerade, es wird unübersichtlich. Aber das ist gar nicht so schlimm. Besser ist es, im Internet auf die Suche zu gehen, wo es solche Tauschbörsen gibt. Es ist unglaublich, was da alles angeboten wird. Von Gitarrenunterricht für Anfänger und für Fortgeschrittene über Handy-Hilfe oder Internet-Schulung bis zur Strickhilfe und Kalligraphie ist alles dabei. Jetzt sag bitte nicht, du kannst nichts, was andere brauchen können. Das glaub ich einfach nicht. Den Hund ausführen, wenn jemand krank ist, geht immer, oder Pakete annehmen oder genau das, womit dein Umfeld dich früher immer genervt hat. Das, womit sie immer zu dir kamen, weil du es doch so schnell oder besonders gut konntest. Schau doch noch mal, was ich dazu in dem Kapitel «Vertrauen» geschrieben habe.

Ich möchte das hier wirklich noch ein paar Mal wiederholen: Es kommt niemand vorbei und holt uns aus der Einsamkeit raus – sosehr wir uns das auch wünschen. Wir müssen selbst die ersten Schritte machen. Wenn ihr mir nicht glaubt, dann doch bestimmt Einstein. Der sagte schon: «Die reinste

Form des Wahnsinns ist, alles beim Alten zu lassen und zu hoffen, dass sich was ändert.» Das trifft ganz bestimmt auch auf die Einsamkeit zu.

SUPERKRAFT MUT

Manchmal treibt einen auch die Angst in die Einsamkeit. Vielleicht hast du sie gespürt, als ich von den neuen Aktivitäten gesprochen habe. Man traut sich nichts mehr zu. Glaubt immer, alles falsch zu machen, weil man vielleicht so oft kritisiert wurde. Da möchte ich dir noch einmal Mut machen, an dich zu glauben. Dich an Situationen zu erinnern, wo du sehr wohl etwas geschafft hast. Oft sind wir uns selbst der größte Kritiker – ist heute nicht ein wundervoller Tag, um damit aufzuhören? Vielleicht sogar ein «Jetzt erst recht» in die Welt zu rufen?

Manchmal fühlen wir, dass wir anders sind als andere. Dass wir nicht so recht in unser Umfeld passen. Natürlich kann das sein. Auch hier kann das Ehrenamt helfen, neue Kontakte zu finden. Vielleicht im Theater. Ich las gerade, als ich selbst noch mal nachschaute im Internet, dass eine kleine Bühne Hilfe gesucht hat beim Puppenspiel eines Märchens, auch bei der Herstellung der Kleidung suchte man jemanden, der nähen kann. Oder man hilft bei der Zählung der Vogelarten im Wald. Überall gibt es Menschen, die vielleicht etwas anders durchs Leben gehen. Sich da auf die Suche zu machen lohnt sich.

Es kann auch ein ganz simpler Grund sein, wieso man sich einsam fühlt – man ist in eine andere Stadt umgezogen und kennt niemanden. Auch da gilt die einfache Formel: Schauen, wo man anderen helfen kann. Wohnen junge

Familien im Haus, denen man anbieten kann, abends die Kinder zu hüten, wenn die Eltern mal «Freigang» haben wollen? Oder mal einen Topf Suppe vor die Tür zu stellen, wenn ihr Tag besonders hektisch ist? Die Zutaten kann man sich gerne bezahlen lassen, die Zeit jedoch nicht. So bleibt man Freund und wird nicht Dienstleister. Wenn es zeitlich möglich ist, kann man die Kinder mal zum Sport begleiten oder was auch immer die für Termine haben. Alt und Jung ist in meinen Augen sowieso eine ideale Kombination. Als bei mir im Nachbarhaus eine junge Familie einzog, ging ich mit Brot und Salz rüber und einem kleinen Willkommensbrief. Die Frau fragte vorsichtig, ob ich denn wisse, dass sie drei Kinder habe. «Ja, klar», habe ich geantwortet. «Das ist auch gut so, ich selbst habe auch drei Kinder.» Sie hat vor Freude geweint, weil sie Sorgen hatte, dass ich mich über die Lautstärke beschweren könnte. Natürlich sind Kinder mal laut – wäre ja auch komisch, wenn nicht. Also, hier mal ein verständnisvolles Wort und da mal eine hilfreiche Hand wirkt Wunder.

Zu unserem sozialen Umfeld gehört übrigens auch die Kassiererin an der Supermarktkasse. Ihr ein liebes Wort zu sagen macht auch uns glücklich. Ob man nur sagt: «Puh, bei Ihnen ist ja ganz schön was los, ich bewundere, wie Sie das machen», oder sich etwas anderes ausdenkt, spielt keine Rolle. Wichtig ist ein kleiner persönlicher Kontakt. Auch der hilft uns aus der Einsamkeit.

Rituale sind eine Möglichkeit, um bereits vorhandene Kontakte aufrechtzuerhalten. Wir kennen es von früher – der Mädelsabend, immer am gleichen Wochentag, darauf konnte man sich schon freuen, den hielt man sich im Kalender frei. Auch der Stammtisch ist noch so eine herrliche Tradition. Egal ob nun einmal in der Woche oder einmal im Monat oder einmal im Jahr. Ja, Letzteres habe ich auch. Ich möchte es ganz ausführlich erzählen, weil ich es schön finde und man gut etwas anderes daraus stricken kann.

Eine Freundin lädt einmal im Jahr zum Orangenmarmeladeschnippeln ein, mittlerweile schon für drei Wochen, jeden Tag. Eine Tradition über Jahrzehnte. Menschen aus Deutschland, Holland und der Schweiz kommen angereist. Ich glaube, 80 schleust sie da schon durch.

Immer wieder würfeln sich so andere Menschen zusammen, und wir sind vier Stunden lang nur damit beschäftigt, Orangen zu schälen und in ganz feine Streifen zu schneiden. Gekocht wird dann alles zu Hause. So, und nun zu dem wichtigen Teil: Es wird dabei gesungen und musiziert, es werden Gedichte vorgetragen, es wird geplaudert und gelacht. Die Zeit verfliegt wie der Wind. Okay, es ist ein sehr musikalischer Haushalt, und die tollsten Musiker haben schon kleine Kostproben geliefert. Ganz besonders hat mich beeindruckt, als Mutter und Tochter aufstanden und «Somewhere over the Rainbow» umgetextet hatten. Die Mutter saß am Klavier, und die Tochter sang dazu etwas aus dem Orangenland. Da ließen alle das Messer sinken und staunten. Ich glaube, schon früher hat man so gearbeitet, statt die gleiche Arbeit jeder für sich alleine zu machen.

Sicherlich wäre es auch schon vergnüglicher, wenn man gemeinsam seine Fahrräder putzt oder zusammen strickt – es muss nichts Besonderes sein. Dabei singen ist auch nicht Pflicht, Hauptsache, man hat Spaß. Ich war zum Beispiel mal in einem kleinen Literaturkreis, wo wir alle das gleiche Buch gelesen hatten und dann darüber sprachen. Leider lief das bei uns nicht ganz so optimal, denn alle sollten immer einer Meinung sein – was ja albern ist. Ich finde es gerade spannend, wenn es verschiedene Interpretationen gibt. Ich habe ja bei mir selbst schon gemerkt, dass ganz neue Sachen sichtbar werden, wenn ich dasselbe Buch nach Jahren wieder lese. Sind alle Mitglieder offen für andere Ansichten, kann so ein Lesekreis wunderbar funktionieren.

Zu liebgewonnenen Ritualen kann auch gehören, dass man einmal die Woche die Enkelkinder mittags zum Essen dahat. Das ist sicherlich nicht für jeden möglich, vor allem, wenn die Familie nicht in der Nähe wohnt. Es ist nur ein weiteres Beispiel. Oftmals fallen einem dann ähnliche Möglichkeiten ein.

SUPERKRAFT UNTERNEHMUNGSLUST

Doch nun schauen wir mal, wie wir es uns denn auch alleine schön machen können, ohne uns dabei einsam zu fühlen. Das spielt sich ja alles in unserem Kopf oder Herzen ab. Ich bin sicher, ein und dieselbe Situation empfinden alle anders. Alleine verreisen ist ja bei uns auch so ein großes Thema. Ich hörte doch neulich von einer Bekannten, die tatsächlich meinte, sie gehe nicht alleine ins Restaurant, weil die anderen denken würden, sie sei einsam. Ich habe erst mal herzlich gelacht und sie dann gefragt, ob es sein könne, dass sie so denkt, wenn sie Menschen alleine im Restaurant sieht. Das musste sie zugeben. Schon war sie in die eigene Falle getappt. Wir leiden an unseren eigenen Bewertungen. So wie wir andere bewerten, so denken wir dann auch über uns.

Mir war dieser Gedanke völlig fremd. Ich habe meinen Mann damals immer so beneidet, wenn er beruflich alleine unterwegs war und von den tollsten Restaurants berichtete. Nun, als ich selbst beruflich unterwegs war, konnte ich das selbst erleben und habe es genossen – und tue das immer noch. Wenn ich Menschen alleine im Restaurant sehe, frage ich mich: Oh, ist sie hier auf Dienstreise oder im Urlaub? Feiert sie vielleicht gerade etwas Schönes? Letzteres ist tatsächlich oft der Grund, wieso ich alleine ins Restaurant gehe. Ich fühle mich königlich dabei. Ich tue mir etwas Gutes – feiere mit mir selbst. Genauso, wenn ich alleine in die Oper gehe – das ist quality time, wie es heute so schön heißt. Das bevorzuge ich mittlerweile tatsächlich. Früher habe ich immer meinen Mann mitgeschleppt, der daran überhaupt keinen Gefallen hatte. Dann hatte ich hinterher ein schlechtes Gewissen, wenn ich sah, dass er mit dem Einschlafen kämpfte. Seit ich alleine dort hingehe, fühle ich mich viel freier. Ich muss mir nicht ständig Gedanken darüber machen, wie es ihm gefällt. In der Pause trinke ich etwas an einem Stehtisch, denn da kommt man einfacher ins Gespräch, wenn man will. Oder ich nehme mir mein Glas und spaziere damit herum. Schaue mir die Leute an und freue mich, so einen Abend verbringen zu dürfen. Nicht immer in meinem Leben konnte ich mir so einen Luxus leisten. Genauso genüsslich setze ich mich manchmal allein mit der Rhabarberschorle in der Hand auf den Elbstrand und schaue den großen Pötten hinterher, die von Hamburg aus die Weltmeere erobern. Versuche in die Gefühle der Matrosen – nennt man die überhaupt noch so? – einzusteigen. Freuen sie sich am Ende der Reise, wieder bei der Familie zu sein? Ihre Arbeit ist mir so unfassbar fremd, dass ich da schnell an die Grenzen meiner Vorstellungswelt komme.

Auch alleine verreisen ist für mich eine Wohltat. Noch nie habe ich da schlechte Erfahrungen gemacht. Wobei man sagen muss, dass ich wahrscheinlich den denkbar leichtesten Einstieg hatte. Früher haben mein Mann und ich Japan oder Afrika bereisen können – dieses Reisefieber gibt es immer noch. Als die Kinder klein waren, konnten wir uns von einem

Gehalt immer nur einmal im Jahr ein kleines Ferienhaus in Dänemark leisten – was auch wunderschön war und seinen eigenen Zauber hatte. Wir schwärmen heute noch davon. Doch es gab eine Sehnsucht nach mehr. Alle paar Jahre hatten wir genug gespart, damit mein Mann oder ich als große Ausnahme ein paar Tage alleine verreisen konnten.

Ich erinnere mich noch genau an meine erste Reise alleine. Damit die Kinder nicht rumjammerten, hatte ich schon ein paar Tage vorher für jeden ein Geschenk auf die hohe Kommode gelegt, an die sie nicht rankamen. Das durften sie erst auspacken, wenn ich weg war. So quengelten sie, wann ich denn endlich fahren würde. Diesen Tipp kann ich jungen Eltern wärmstens empfehlen. Ich fuhr an den Tegernsee. So viel «königlich», wie ich mich dort gefühlt habe, kann ich hier gar nicht schreiben. Mich mit keinem abstimmen zu müssen. Nur nach Lust und Laune in den Tag zu leben – was für ein Geschenk. Ich höre so oft, dass man das Schöne, was man im Urlaub erlebt, gerne mit jemandem teilen möchte. Vielleicht hilft es da, ein Reisetagebuch zu führen. Dann kann man seine Gedanken auch jemandem anvertrauen – in dem Fall dem Buch.

Wir können es ja so stehenlassen – es gibt verschiedene Formen von Reisen. Mit Familie, mit der Freundin, mit Gruppen oder alleine. Alle sind wunderbar und haben ihre eigene Qualität.

Ich persönlich verbringe meinen Urlaub lieber in einer Privatwohnung als in einem Hotel. Das geht in Deutschland genauso wie in Europa und auf der ganzen Welt. Es gibt verschiedene Internetportale, über die Menschen ihr Zuhause oder einen Teil davon an Reisende vermieten. Ich bevorzuge das sehr, da ich mich so viel freier fühle als im Hotel, wo ich für jede Tasse Kaffee ins Restaurant gehen muss. Ich liebe es, über Märkte zu schlendern und mir selbst was zu kochen. Mit der eigenen Küche ist das kein Problem. Aber ich bin auch gerne allein. Ja, ich suche und brauche das Alleinsein. Das ist auch etwas ganz anderes – Alleinsein und Einsamkeit sind zwei verschiedene Welten. Vielleicht fühlt man sich im Hotel nicht so allein. Das kann natürlich sein.

Ihr seht, niemand muss sich einsam fühlen. Es gibt zahlreiche Wege, sich behutsam aus der Einsamkeit zu befreien. Man muss nicht gleich ins kalte Wasser springen – aber sich bewusst sein, dass nur wir selbst etwas ändern können. Dein Leben ist so kostbar – daher möchte ich dir Mut machen, die ersten Schritte zu tun. Und seien sie auch noch so klein.

Erwarte das Beste vom Leben – es steht dir zu.

 *Tipps für neue Tatkraft*

Fange mit einer kleinen Sache an. Gehe davon aus, dass vielleicht noch nicht alles auf Anhieb gelingt, so wie du es dir vorstellst. Dann bitte gib nicht auf, sondern versuche es immer wieder an anderer Stelle.

Nimm bitte auch wahr, was du mit kleinen Schritten schon verändert hast. Beschließe jeden Tag aufs Neue, heute etwas Schönes für dich zu tun.

Schreib dir aus dem Buch die Anregungen raus, die du versuchen möchtest, die dich besonders angesprochen haben, die dir entsprechen. Häng dir diese Liste an dein Pinboard in die Küche oder leg sie auf den Nachtschrank, damit du immer wieder siehst: Da gibt es noch ganz viele Möglichkeiten.

SCHÖNHEIT

Weißt du eigentlich,
dass Gelassenheit besser ist als Botox?

*W*as für ein Mythos schwirrt um diesen Begriff Schönheit. Schöne Menschen hätten es leichter, sie sind immer umschwärmt und nie einsam. Ich glaube, die Palette ist endlos. Gehen wir doch mal der Sache nach.

In letzter Zeit werde ich oft von der Presse gefragt, wie ich denn damit umgehe, dass Schönheit im Alter vergeht. Ob ich besorgt auf meine Falten schaue oder darunter leide, dass ich graue Haare bekommen habe und mein Körper nicht mehr der einer Dreißigjährigen ist. Ich nehme mal eines vorweg: Ich habe noch sie so wunderbar versöhnt mit meinem Körper gelebt wie jetzt. Ich habe mal Rückschau gehalten, was für unterschiedliche Aspekte in meinem Leben eine Rolle spielten. Wenn man von Schönheit spricht, ist fast immer von dem äußeren Eindruck einer Person die Rede. Fangen wir mal damit an.

Als ich klein war, bekamen meine zwei älteren Schwestern und ich von der Schneiderin, die uns besuchte, jede ein Kleid nach demselben Schnitt im selben Stoff. Das führte dazu, dass man als Außenstehender glauben konnte, meine

Kleider wüchsen mit. Denn als Jüngste trug ich nach einiger Zeit das zu klein gewordene Kleid meiner mittleren Schwester und später das meiner großen Schwester. Ein Modell begleitete mich also über viele Jahre. Darüber habe ich mir damals keine Gedanken gemacht. Das war halt so. Auf dem Bauernhof waren sowieso Hosen viel praktischer. Kleider trugen wir nur sonntags, an Feiertagen und ab und zu in der Schule.

Mit elf oder zwölf Jahren bekam ich starke Akne, die mich bis zu meinem 17. Lebensjahr im Würgegriff hielt. Da halfen mir die modischen, von meiner Mutter selbstgenähten Blusen und Röcke sehr, trotzdem selbstbewusst zu sein.

Es war die Petticoat- und Pferdeschwanz-Zeit. Äußerlichkeiten waren ein großes Thema. Meine Mutter war eine sehr modische Frau und trug diese großen Hüte, die wir Kalabreser nannten. Sie machte Gurken- und Quarkmasken und achtete darauf, dass wir gepflegt aus dem Haus gingen.

Die Auswahl an Kosmetik war in den sechziger Jahren überschaubar. Als Wimperntusche kam gerade Spucktusche auf den Markt. Diesen Namen gaben wir ihr, weil man die kleine Bürste anfeuchten musste, bevor man sie über einen schwarzen Puderstein strich. Wenn kein Wasser in der Nähe war, behalfen wir uns mit Spucke. Lippenstift hätten wir damals komisch gefunden. Wir nahmen so eine helle, ja fast weiße Creme, ich weiß gar nicht mehr, wie die hieß. Dass unsere Zähne dagegen etwas gelblich wirkten, schien uns nicht zu stören.

Solange ich in diesem Strom mitschwamm, empfand ich das Schönheitsideal nicht als quälend. Das änderte sich erst, als immer neue Moderichtungen mich plötzlich altmodisch wirken ließen. Das gefiel mir gar nicht, und ich schwankte dazwischen, zu rebellieren oder mithalten zu wollen. Diesen

Spagat fand ich ätzend. Es dauerte Jahre, bis ich mich innerlich daraus befreite. So richtig gelang mir das erst, als ich in einem Alter war, wo die Mode von damals wieder angesagt war, also etwas, was ich schon einmal als nicht mehr schön abgelegt hatte. Ich erinnere mich noch gut, dass ich eine Zeit lang sehr stolz Keilabsätze trug, die ich aber irgendwann als völlig überholt aussortierte. Als dieser Modetrend gefühlte dreißig Jahre später wieder auftauchte, tat ich mich sehr schwer, das einmal Abgelegte nun wieder schön zu finden. Ich begann also, endlich das zu tragen, was ich wirklich wollte. Dabei kann ich nicht mit Sicherheit sagen, ob es an meiner geänderten Einstellung liegt oder daran, dass heute in der Mode sowieso alles erlaubt ist. Der kurze Rock genauso wie der wadenlange, knallbunt genauso wie edles Grau, das kleine Schwarze mit rockiger Lederjacke. Diese Freiheit gefällt mir unglaublich gut.

Gelitten habe ich jedoch sehr, als so um die fünfzig immer mehr Pfunde glaubten, bei mir hängen bleiben zu müssen. Das machte mir schwer zu schaffen. Ich sehnte mich in Rubens' Zeiten zurück, galt da doch der etwas fülligere Körper als das Schönheitsideal. Als jede Schlankheitskur versagte, versuchte ich, mir einen anderen Blick zuzulegen und mich so schön zu finden, wie ich war. Das gelang mir jedoch nicht. Heute weiß ich, dass ich damals gnädiger mit mir hätte umgehen können.

Mit der Zeit erkannte ich, dass es eine kühle Schönheit gab, die mehr einer Maske glich. Mit so einer Person wollte ich keinen Kaffee trinken. Sie war für mich völlig uninteressant, da nützte auch das ebenmäßige Gesicht nichts. Schönheit hat nichts mit Sympathie zu tun. Ob wir jemanden sympathisch finden, hängt von der Ausstrahlung ab, dem Lachen, daran, ob jemand ein offenes Herz und ein fürsorgliches, liebevolles Wesen hat. Wir fühlen uns angesprochen von Menschen, die inspirieren, die sich ins Leben hineinwerfen können und begeistert sind von dem, was sie tun. Die neugierig auf das Leben, auf Menschen, auf Neues sind. Lustvoll Bratkartoffel essen kann ebenso begeistern wie Drachen steigen lassen am Meer. Begeistert seine Arbeit zu machen verschafft Ausstrahlung. Wenn man dauernd jammernd rumhängt, lernt man vielleicht Gleichgesinnte kennen, aber mit denen zieht man sich dann nur gegenseitig runter. Jammernde Menschen fühlen sich in der Opferrolle. Darin kann man nicht glücklich werden, und das sieht man jedem Gesicht an. Ein eigentlich schönes Gesicht verliert völlig seine Ausstrahlung und Anziehungskraft.

Schönheit ist für mich heute etwas ganz anderes geworden als das ebenmäßige Gesicht oder die perfekte Figur. Damit gewinnt man keine Freunde, bekommt dadurch keinen Job, wird dafür nicht geliebt. Mir war klar, wenn ich verbittert und brummelig durch die Gegend laufen würde, dann wäre es mit der Schönheit vorbei. Für mein Umfeld spielte es überhaupt keine Rolle, ob ich diese 16 Kilo mehr mit mir herumtrug. Sie liebten mich wegen ganz anderer Eigenschaften. Ich habe begriffen, es kommt nicht auf diese Äußerlichkeiten an. Die wahre Schönheit kommt von innen.

Mit sich selbst im Reinen zu sein, das Leben mit offenen Armen begrüßen zu können, dankbar zu sein für all das, was ich habe, von Herzen lachen zu können – das macht den Unterschied. Längst weiß ich, dass jeder Mensch schön wird, wenn ein Strahlen über sein Gesicht zieht. Wir glauben unserem Spiegelbild, aber sehen uns nicht, wenn freudige Überraschung unser Gesicht strahlen lässt. Wenn wir liebevoll auf unser Baby oder Enkelkind schauen und dieser Blick unseren Partner dahinschmelzen lässt.

Ich gucke mir beim Sport gerne die Siegerehrungen an. Wenn Freude aus allen Knopflöchern scheint, wenn kein Halten ist vor Freude – dann ist jeder Mensch schön, ob klein oder groß, ob mit symmetrischem Gesicht oder unregelmäßigen Zügen, ob mit Haaren oder Glatze. Das alles sieht man gar nicht. Man sieht den Menschen und seine Emotionen.

Wir können also etwas für unsere äußere Schönheit tun, indem wir was für unser Seelenleben tun. Dafür müssen wir zunächst einmal den inneren Kritiker rauswerfen. Es gibt ja immer so viel, was uns an uns stört, die Falten im Gesicht, das schlaffere Bindegewebe, man findet sich zu klein oder zu groß, zu dick, zu dünn – da ist die Auswahl unbegrenzt. Doch, halt, stopp: Nehmen wir das bei unserer Freundin überhaupt wahr? Sie klagt über zwei Kilo mehr, eine neue Falte im Gesicht, einen Pickel. Bei einem selbst ist das ein kleines Drama, bei der Freundin bemerken wir es gar nicht. Sehen es nicht, weil ganz etwas anderes zählt.

Ich hatte mal eine Freundin mit einem sogenannten fliehenden Kinn. Sie litt sehr darunter. Wir jedoch sahen nur ihre unglaublich liebevolle, fröhliche Art. Eines Tages kam sie von einem Ausflug zurück und berichtete, dass ein unfassbar toller Kapitän die wunderbare Schiffsreise sehr humorvoll begleitet habe. Erst nach mehreren Stunden sei ihr aufgefallen, dass er genau so ein fliehendes Kinn hatte wie sie. Sie fragte uns: «Meint ihr, es könnte sein, dass auch mich schon jemand mehrere Stunden angesehen hat, ohne mein Kinn überhaupt wahrzunehmen?» Daran hatten wir alle keinen Zweifel. Doch sie meinte, dass sie sich das bei sich einfach nicht vorstellen könne.

Wir werden nicht wegen unseres Aussehens geliebt, sondern wegen unserer Art, wegen unseres liebevollen Wesens, unserer Freundlichkeit, der tollen Ideen und vielem mehr.

Noch kann ich es nicht perfekt, aber ich arbeite daran – mich selbst so liebevoll zu betrachten wie die Fotografie einer alten Indianerin. Da erzählen die Falten von Liebe und Fürsorge, von Weisheit und gelebtem Leben. Ich habe keine Lust mehr, mich von meinen Falten herunterziehen zu lassen.

Ich habe Altersfalten zum neuen Körperschmuck erklärt. Ich komme ja noch aus einer Zeit, wo junge Männer sich in Verbindungen gegenseitig beim Fechten im Gesicht verletzt haben. Der Arzt stand gleich daneben, um die Wunde zu nähen. Es galt als chic, wenn man das ganze Leben mit einer Narbe im Gesicht herumlief – man nannte es damals «Schmiss». Es war ein Zeichen der Zugehörigkeit zu einer Studentenvereinigung. Außerdem wollte man zeigen, dass man nicht zimperlich ist. Später kamen für mich Tattoos dazu – auch hier glaube ich, ein Zusammengehörigkeitsgefühl zu erkennen und das Signal, dass man hart im Nehmen ist. Darauf folgte das Piercing mit ähnlicher Aussage. Und schließlich unsere Falten. Ja, wir haben bewiesen, dass wir nicht zimperlich sind und einige Schlachten im Leben geschlagen haben. Auch bei uns drückt es ein Zugehörigkeitsgefühl aus. Wir gehören zur Altersgruppe mit ganz viel Freiheit und Lebensknowhow. Wieso nicht genauso stolz darauf sein wie die Studenten damals auf ihren Schmiss und andere auf Tattoo und Piercing?

Wie ist denn unser Auftreten, wenn wir uns wegen Falten oder Übergewicht oder der zu langen Nase hässlich finden? Und wie treten wir auf, wenn wir uns selbst schön finden? Liegt nicht alleine da der Unterschied? Gehen wir strahlend auf den anderen zu, öffnet uns unsere Ausstrahlung die Türen. Wollen wir uns jedoch selbst verstecken, weil wir meinen, wir genügen nicht dem Schönheitsideal, dann werden die Türen vielleicht länger verschlossen bleiben, bis das

Umfeld erkennt, welch interessanter Mensch dahintersteht. Wenn wir uns verstecken, sollten wir uns nicht wundern, dass wir nicht gesehen werden.

Selbst der sicherlich zu belächelnde Bad Hair Day lässt uns anders auftreten. Vielleicht ziehen wir dann nicht das knallige Outfit an, damit man bloß nicht auf uns schaut und unsere schlimmen Haare sieht. Am Ende des Tages meinen wir dann wieder recht zu haben: Weil meine Haare so schlecht saßen, waren die anderen Menschen nicht so nett zu mir. Aber das ist falsch – weil ich wegen der Annahme, dass meine Haare schlimm seien, so anders aufgetreten bin, deshalb hat sich auch mein Umfeld anders verhalten.

Ich möchte noch mal auf diesen englischen Spruch zurückkommen – «Fake it till you make it», «Tu so lange als ob, bis du es schaffst». Ich bin zwar auch der Meinung, wir sollten unsere Stimmungen zeigen und authentisch sein – doch unser eigenes abwertendes Urteil über unsere Falten und sonstigen angeblich nicht schönen Seiten dürfen wir durchaus mal vergessen. So auftreten, als wären wir mit uns im Reinen. Da verändert sich im Außen sehr viel – aber auch im Inneren, habe ich gelernt. Studien haben gezeigt, dass der Körper gar nicht erkennen kann, ob ich nur so tue, als fühle ich mich schön, oder ob dies tatsächlich meine Überzeugung ist. Meine Ausstrahlung wird identisch sein – und mein Strahlen mir in beiden Fällen die Türen öffnen.

 *Tipps für strahlende Schönheit*

Höre auf, dich zu vergleichen – nicht mit
anderen und nicht mit deinen Fotos von vor
15 Jahren. Sei gewiss, in weiteren 15 Jahren wirst
du neidvoll auf die Fotos von heute schauen.
Wieso nicht jetzt schon damit anfangen und sie
jetzt schon toll finden.
Du wirst nicht wegen deiner straffen Haut geliebt,
sondern weil du der tolle Mensch bist, der du bist.
Gib den Äußerlichkeiten nicht solchen Wert. Achte
nur einmal darauf, wie du eine Freundin wahr-
nimmst, die sich für irgendetwas schämt, und du
wirst erkennen, dass es für dich gar keine Rolle
spielt. Du findest sie schön, wie sie ist, weil ihr
Inneres strahlt. Sei dir selbst eine gute Freundin.

Und daran anschließend:
Achte auf deine Gedanken, falls du andere ab-
wertest, die vielleicht einen Schönheitsmakel
haben. Das könnte zur Falle werden, wenn du
diese Stelle selbst an dir entdeckst.
Werde der positive Mensch, mit dem du gerne
selbst zusammen sein möchtest.

ERFOLG

Weißt du eigentlich, wie vielseitig Erfolg ist?

*E*rfolg bedeutet vermutlich für jeden etwas anderes. Der eine fühlt sich erfolgreich, wenn er sich sein Traumauto leisten konnte, der andere, wenn er bei einem Sportwettkampf auf dem Treppchen steht und eine dieser drei Medaillen gewonnen hat. Wäre es der vierte Platz geworden, hätte er sich leider schon als Versager gefühlt und wäre bitter enttäuscht gewesen. Dabei ist auch das eine wirklich glorreiche Leistung. Wieder für einen anderen bedeutet Erfolg, ausgewogen zu leben oder, wie es heute so schön heißt, eine Work-Life-Balance zu erreichen: ein harmonisch gestaltetes Arbeits- und Privatleben.

Ich erinnere mich noch gut an meine jungen Jahre, die ich als Aufbaujahre gesehen habe. Ich glaubte wirklich, dass es so sein muss, dass jetzt Karriere dran war bei meinem Mann und mir. Ich muss es leider zugeben: Wir hatten unser persönliches Glück überhaupt nicht im Blick, wir lebten gesellschaftlich angepasst. Das machte man so. Heute kann ich das nicht mehr verstehen. Wir fragten uns damals gar nicht, was wir für unser Glück brauchen – nein, wir erstarrten in Routine und fanden das richtig und selbstverständlich. Da hat sich zum Glück viel geändert in der Gesellschaft. Heute sind junge Paare weiter. Sie wissen, dass gemeinsame Zeit wichtig ist, dass man nicht zu viel Arbeit mit nach Hause bringen sollte und Ähnliches.

Der Faktor Zeit spielt auch beim Erfolg eine Rolle. Handelt es sich dabei um etwas Vorübergehendes? Sind wir nur vorübergehend erfolgreich, wenn wir das heißbegehrte Auto vor der Türe stehen haben? Müssen wir dann wieder einem neuen Erfolg hinterherhecheln, oder gibt es in uns eine Messlatte mit einem Schwellenwert, ab dem wir uns selbst als erfolgreich bezeichnen (dürfen)? Wenn wir erkennen, dass wir selbst den Maßstab bestimmen können, fühlt sich dieser Erfolgsdruck schon ganz anders an. Was ich erst mit Mitte fünfzig erkannt habe, lässt sich auch in jungen Jahren umsetzen, da bin ich mir sicher. Die Frage «Wie flüchtig ist dieses Glück, das ich an den Erfolg kopple?» öffnet die Augen, um anders handeln zu können.

Ich habe beobachtet, dass wir tatsächlich glauben, wir seien dauerhaft erfolgreich, wenn wir das neue, teure Auto besitzen und den Karrieresprung geschafft haben. Nach kurzer Zeit spüren wir allerdings, dass es ein Trugschluss war, und suchen nach einem neuen Ziel – wieder mit der Vorstellung, dann aber wirklich dauerhaft im Erfolgsgefühl zu schwelgen.

Wir stehen staunend vor dem Auto des anderen – um bei diesem einfachen Beispiel zu bleiben – und bewundern den Kollegen, der die Karriereleiter höher gestiegen ist. Es besteht für uns kein Zweifel, dass sich der Autobesitzer und der Kollege nun richtig erfolgreich fühlen müssen. Das, was wir nicht haben, erscheint uns wie ein Heilsbringer – wie eine Garantie für dauerhaftes Glück. Erst wenn wir oft genug die Ent-täuschung erfahren haben, dass das Erfolgsgefühl nicht anhält, merken wir, dass wir hohlen Zielen hinterhergelaufen sind. Ja, wir hatten uns getäuscht und sind nun ent-täuscht. Also von der Täuschung abgekoppelt.

Ich kenne einen Vorstandsvorsitzenden eines großen Konzerns, der lange selber Vorstandsmitglied war. Obwohl diese Leitungsposition immer sein Traum gewesen war, war er jetzt enttäuscht, als sich sein großer Traum erfüllte. Er fühlte sich plötzlich einsam. Damit hatte er nicht gerechnet. «Ich war doch lange selbst Vorstandsmitglied, war einer von ihnen, und wir haben so viel zusammen erlebt, gemeinsam gelacht, wieso gehöre ich denn jetzt nicht mehr dazu?», fragte er sich. Selbst wenn er damals als Vorstandsmitglied erkannt hätte, dass der Vorsitzende einsam war, hätte er es allein mit der Person verbunden, nicht aber mit der Position. Er war immer davon ausgegangen, dass der Mensch auf dieser Position glücklich sein müsse.

So geht es auch bei kleineren Karrieresprüngen. Plötzlich tauchen Neider auf, irgendwie gehört man nicht mehr zur vertrauten Gruppe. Es wird vielleicht gemunkelt, ob das denn alles mit rechten Dingen zuging bei der Beförderung. Wenn sich Kollegen ehrlich für einen freuen, hat man das große Los gezogen – selbstverständlich ist das nicht.

Wenn diese Statussymbole schon nicht dauerhaft glücklich machen, so kann man mit ihnen doch Eindruck schinden, oder nicht? Denn wir wissen sehr wohl, dass die anderen genauso ticken wie wir. Wir waren ja auch neidisch, bevor wir unseren eigenen Erfolg feiern konnten. Damit dieser Neid der anderen so richtig glüht, müssen wir so tun, als ob wir glücklich sind – jedenfalls dann, wenn wir auf Auto und Position angesprochen werden. Verzeih, dass ich an diesen Beispielen festhalte. Natürlich lässt sich das auch auf andere Statussymbole übertragen.

Aber nun mal ehrlich: Kann es wirklich sein, dass wir uns

abmühen, um Fremden zu gefallen? Oh, Erfolg, du bist ein großer Verführer, wir werden dir auf die Finger schauen.

Die einfache Frage, um sich selbst auf die Schliche zu kommen, lautet: Macht mich das jetzt wirklich glücklich? Das sollte man sich mehr als ein Mal fragen. Denn natürlich ist man ein oder zwei Monate glücklich mit dem neuen Auto. Aber wenn man sich diese Frage nach einem halben Jahr noch einmal stellt, ist meistens schon Gewohnheit eingetreten. Ich hatte gerade kürzlich das Beispiel im Freundeskreis. Jemand hat sich seinen Traum erfüllt und nun endlich im Alter das Wunschauto gekauft. Das war teuer! Nach nur ein paar Monaten stellte er selbst fest: Ach, irgendwie ist es auch schade, dass ich da mein ganzes Geld reingesteckt habe, denn ich merke gar nicht mehr den Unterschied zu meinem alten Auto. Für die Ehrlichkeit habe ich ihn sehr gelobt – und mir verkniffen zu sagen, dass er diese Erfahrung doch schon so oft im Leben gemacht hat. Wobei ich durchaus der Meinung bin, dass man sich auch mal unvernünftige Träume erfüllen darf – aber man sollte sich darüber im Klaren sein, dass auch sie irgendwann selbstverständlicher Alltag werden.

Wenn man ab einer gewissen Stufe Zufriedenheit signalisiert – dass es so bleiben darf, wie es jetzt ist –, gilt man schon als Aussteiger. Da, wo Erfolg mit Work-Life-Balance zu tun hat. Doch wer bewertet das? Wenn es eine Bewertung von außen ist, müssen wir diese ja nicht übernehmen. Wir können wieder unseren eigenen Maßstab bestimmen. Ich mag es sehr, der Regisseur meines Lebens zu sein.

Ich erinnere mich noch gut an diesen Zeitpunkt, wo eine Beförderung meines Mannes für uns mit einem Umzug in eine andere Stadt verbunden gewesen wäre. Ich wollte dem nicht im Wege stehen, habe ihm aber vorsichtig zu verstehen gegeben, dass ich dieses Mehr an Geld und «Ansehen» nicht brauche. Wenn wir das, was wir haben, halten können, fühle ich mich reich beschenkt. Wobei wir durchaus rechnen mussten. Für den Lebensunterhalt einer Familie mit drei Kindern zu sorgen und ein kleines Häuschen abzubezahlen war auch schon damals eine Herausforderung. Aber ich wusste, wir würden für ein Mehr einen großen Preis zahlen müssen. Mein Mann wäre deutlich weniger zu Hause, für die Kinder hätte es einen Schulwechsel bedeutet, und wir alle hätten unsere Freunde zurücklassen müssen. Auch eine Wochenend-Pendelei wurde in Betracht gezogen und wieder verworfen. Das waren nur ein paar der Punkte, die in die Waagschale geworfen wurden.

Meinem Mann fiel es leicht zu sagen, dass er auf die Beförderung verzichtet und dafür viel mehr Lebensqualität gewinnt. Ich erinnere mich jedoch an manch unverständliches Nachfragen aus dem Freundeskreis: «Wie, du hast eine Beförderung ausgeschlagen?» Das war damals noch ungewöhnlicher, als es heute ist. Karriere und Status hatten ein sehr hohes Ansehen, darauf zu verzichten war schon ein klein wenig revolutionär.

Wir bekommen ganz viel Gelassenheit geschenkt, wenn wir erkennen, ab wann wir zufrieden sind mit dem, was wir haben. Wenn wir verstehen, dass ein Mehr an Erfolg seinen Preis kostet. Ganz gleich, ob das nun die erwähnte Karriere ist oder doch das sündhaft teure Auto oder die Reise, die alle Kollegen vor Neid erblassen lässt. Der Preis für diese Form des Erfolges wird zweimal bezahlt: vorher beispielsweise mit Anstrengung und Verzicht – nachher mit mehr Arbeit, weniger Zeit, Einsamkeit, Neid der anderen und der nagenden Frage: Was kommt danach?

Ich glaube, es bedarf einer klaren Entscheidung, was man will. Könnte es am Arbeitsplatz schwierig werden, wenn wir signalisieren, dass wir an einer weiteren Beförderung nicht interessiert sind? Besteht die Angst, dann auf dem Abstellgleis zu landen und nur noch uninteressante Aufgaben zu erhalten? Auch hier hilft reden. Dem Chef gegenüber deutlich machen, dass man mit dem gleichen Einsatz und dem gleichen Herzblut bei der Sache ist. Dass man dieses Engagement nicht gezeigt hat, um befördert zu werden, sondern weil man das, was man dort macht, gerne tut.

Klarheit beim Thema Erfolg befreit. Sie ermöglicht es uns, aus dem Hamsterrad auszusteigen. Denn wir bestimmen selbst, wann wir erfolgreich sind, und sind frei von dem, was andere glauben. Wir dürfen nicht vergessen, dass wir, wie eingangs erwähnt, auch auf andere Weisen glänzen können. Wenn wir zum Beispiel nach unserem eigenen Wertesystem leben, uns nicht verbiegen, die Welt ein klein bisschen besser machen. Wenn wir uns engagieren – egal ob für das Klima, saubere Meere, Tierschutz oder soziale Projekte. Auch da können wir uns erfolgreich fühlen, wenn wir etwas bewegen. Und wenn es auch noch so klein ist, es zählt zum großen Ganzen. Etwas Sinnvolles zu tun, ist Erfolg – eine Auffassung, die zum Glück immer mehr in den Fokus rückt. Ja, es ist dieses von der Werbung schon etwas abgegriffene Wort «nachhaltig», das unserem Tun einen Sinn gibt. Nützt das irgendjemandem, oder arbeite ich, etwas flapsig ausgedrückt, für den Papierkorb?

Ich habe noch einen anderen Aspekt entdeckt, der den Druck, erfolgreich sein zu müssen, mindert. Wir glauben oft, wir müssten Erfolg erzwingen, uns anstrengen, dass Erfolg nur da erzielt werden könne, wo wir selbst Macher sind. Doch man denke nur einmal an Hefeteig. Jede Bäckerin, jeder Bäcker unter euch wird es verstehen. Wir fügen verschiedene Zutaten zusammen, und die müssen dann ruhen, damit der Teig aufgehen kann. Da wäre es geradezu schädlich, wenn wir irgendwas erzwingen wollten. Das Einzige, was wir tun können, ist, eine größere Schüssel zur Verfügung zu stellen und für eine windgeschützte, warme Atmosphäre zu sorgen. Übertragen auf unser Leben bedeutet das, dass wir ein Umfeld schaffen müssen, in dem Erfolg möglich ist. Das fängt schon bei unseren Gedanken an: Habe ich in meinem Geist Platz für diesen großen Erfolg, oder denke ich ganz klein? Empfinde ich mich als anmaßend, wenn ich das ganz große Erfolgserlebnis erwarte? Wenn wir denken: Das gelingt sowieso nicht, weil ... – und jetzt kommen all unsere schlimmen Glaubenssätze –, dann ist das nicht gut für den Hefeteig Erfolg. Eigentlich wissen wir das auch.

Doch nicht nur unsere Gedanken sind von Bedeutung, sondern auch das äußere Umfeld. Wir können es vermutlich schneller bei unseren Kindern oder Mitarbeitern erkennen: Kaum jemand würde eine Aufgabe, die einem viel Konzentration abverlangt, in einer Disco erledigen wollen (ich übertreibe hier mal ordentlich). Es bedarf eindeutig auch des Bewusstseins darüber, in was für einer Umgebung wir unser Bestes geben können – um dann fast automatisch erfolgreich zu sein. Kein Streit, kein Zeitstress, Ruhe oder Musik, Eigenständigkeit oder ein Team. Was brauche ich, um in den Flow zu kommen? Wenn hier alle Faktoren stimmen, dann ist der Erfolg nicht mehr weit.

Ein Beispiel: Mein jahrelanges vergebliches Bemühen abzunehmen – ich wollte es wirklich sehr, habe so viel versucht und unter der Erfolglosigkeit gelitten – hat mich erkennen lassen, dass es eines richtigen Zeitpunkts bedarf. Ich hatte damals Stress ohnegleichen, mein Mann hatte seine Arbeit verloren, ich jonglierte drei Jobs gleichzeitig und musste mit vier Stunden Schlaf die Nacht auskommen, da hatte ich weder Zeit noch Kraft, mich um gesunde Ernährung zu kümmern. Da mussten es auch manchmal die schon zähen Käsebrötchen und die Kekse aus der Blechdose auf dem Besprechungstisch tun. Dazu kamen noch die Wechseljahre. Irgendwann, als sich meine Lebensumstände geändert hatten, war es nicht mehr schwer abzunehmen. Es geht nicht alles gleichzeitig. Auch das ist eine wichtige Erkenntnis, die zum Erfolg gehört.

FIT FÜRS LEBEN, FIT FÜR DEN ERFOLG

Häufig sind die erfolgversprechenden Umstände, die wir uns eben angeschaut haben, nicht gegeben. Wenn wir nicht einfach abwarten können, bis sie sich ändern, müssen wir uns den Erfolg hart erarbeiten. In diesem Falle drängt sich ein Vergleich mit dem Sport auf. Wir nehmen uns Hanteln und Gewichte und quälen uns durch anstrengende Trainingsprogramme, für die wir manchmal auch noch Geld bezahlen. Es ist uns wichtig, körperlich fit zu sein, weil wir wissen, dass uns das stark macht. Übertragen wir dieses Beispiel auf andere Lebensbereiche, so werden diese Hanteln schnell zu Stolpersteinen. Es sind jene Phasen im Leben, in denen uns alles gegen den Strich geht, in denen wir meinen zu versagen, in denen wir das, was ist, nicht wollen.

Der große Unterschied ist, dass wir das sportliche Training freiwillig machen, während uns das Leben die Stolpersteine vor die Füße wirft. Es stellt uns ungefragt vor diese Herausforderung. Doch auch diese Stolpersteine machen uns stark und letztendlich erfolgreich, selbst wenn wir das oft erst im Nachhinein erkennen.

Um es noch deutlicher zu sagen: Auch das Versagen gehört zum Erfolg und macht uns stärker für den nächsten Schritt. Wenn uns etwas nicht auf Anhieb gelingt, sind wir versucht aufzugeben. Beim Sport jedoch wissen wir, dass es Ausdauer braucht, bis wir zuerst mit Anstrengung und später mit großer Leichtigkeit unser Ziel erreichen.

Ich nehme hier mal zum Vergleich meinen YouTube-Kanal und das Erstellen von Filmen. Früher habe ich mir ein Thema einen ganzen Tag lang erarbeitet und es dann mehrfach in die Kamera gesprochen, weil ich am Anfang mit der Aufzeichnung nicht zufrieden war. Heute gehe ich ganz anders an die Themen heran. Ich speichere sie sozusagen im Hinterkopf ab und beobachte dann im Alltag, welche Aspekte für sie eine Rolle spielen. Immer mal wieder taucht etwas auf, von dem ich mir sofort sicher bin, dass es zu einem meiner abgespeicherten Themen passt. Die Vorbereitung für den Film läuft also fast schon im Unterbewusstsein ab. Ich habe ganz andere Antennen entwickelt, um Aspekte zu erkennen, die eine Bereicherung für meine Themen sind. Wenn ich zu Hause bin, notiere ich mir diese Gedanken in einem Block, also noch ganz altmodisch analog; bin ich unterwegs, dann diktiere ich sie mir aufs Handy. Entscheide ich mich schließlich, den Film zu machen, muss ich diese Themen nur noch zusammentragen, was ziemlich schnell geht. Das alles kommt durch Training im Job. Es ist nur der Anfang mühsam – genau wie beim Sport. Ich behaupte mal, dass man diese «harte» Zeit im Sport auch nicht in dem Moment genießt, wenn der Schweiß fließt – aber hinterher. Da ist man dann stolz auf seinen Erfolg. Das ist in beiden Fällen gleich.

ERFOLG IST NICHT VON BILDUNG ABHÄNGIG

Hat das Leben uns Steine in den Weg gelegt, die uns eine andere Laufbahn einschlagen ließen, als wir uns vielleicht gewünscht hätten, erscheint Erfolg uns nicht selten unerreichbar. Wir meinen aufgrund unserer fehlenden Ausbildung, unserer damals nicht so guten Schulleistung, nicht erfolgreich werden zu können.

Die Universität Hamburg bietet ein zulassungsfreies Studium für ältere Erwachsene an – und da ist sie sicherlich nicht die einzige. Es wird davon ausgegangen, man habe im Leben so viel gelernt, dass diese «Wartesemester» einen für ein Studium qualifizieren. Diese Studiengänge dienen der persönlichen Weiterbildung. Sie machen deutlich, dass das Thema Erfolg nicht mit den Schulleistungen steht oder fällt, sondern dass dabei noch ganz andere Faktoren mitsprechen.

Oft höre ich auch: Das geht im Alter nicht mehr. Die Hirnforschung liefert uns jedoch ganz wunderbare Beweise, dass wir mit einer fast unerschöpflichen Gehirnleistung auf die Welt gekommen sind. Diese können wir im Laufe unseres Lebens gar nicht ausschöpfen. Dieses oder jenes entwickelt sich zwar nicht weiter, wenn wir es nicht nutzen, aber unser Gehirn befindet sich immer im Stand-by-Modus. Der Hirnforscher Gerald Hüther gab in einem seiner Vorträge ein beeindruckendes Beispiel: Ein 86 Jahre alter Mann, der sich in eine Chinesin verliebt hat und mit ihr in ihre Heimat gezogen ist, spricht nach einem halben Jahr Chinesisch. Es ist diese Begeisterungsfähigkeit, diese Neugier auf das Leben, die uns Flügel verleiht. Und zwar in jedem Alter. Da, wo Leidenschaft ist, ist auch Energie. Diese «Begeisterungsenergie» verleiht uns Kreativität, Ausdauer und Mut – die Schlüssel zum Erfolg.

Früher hörte man häufig: «Mit so einem Beruf kannst du später kein Geld verdienen.» Das sei brotlose Kunst, hieß es. Heute weiß man, dass dort, wo unser Herz brennt, dort, wo wir etwas mit Begeisterung machen, sehr große Chancen bestehen, erfolgreich zu werden. Denn dann bringen wir auch die nötige Ausdauer und Disziplin mit. Wir haben das große Ganze, unser Ziel vor Augen.

Wobei die vorteilhafte Wirkung eines Ziels durchaus in Frage gestellt werden kann. Ich selber hatte die Erfahrung gemacht, dass ein Ziel dem Erfolg auch hinderlich sein kann. Für ein Problem, welches sich in ein paar Jahren stellen würde, hatte ich bereits eine Lösung im Kopf. Die umzusetzen, war mein Ziel. Später stellte ich fest, dass ich dadurch gar nicht mehr die anderen Möglichkeiten gesehen hatte, die durchaus gleichwertig waren oder das Problem sogar besser gelöst hätten.

Hier das praktische Beispiel dazu. Ich hatte nach der Trennung von meinem Mann ein zehnjähriges Wohnrecht für unser Familienhaus erhalten. Das Haus gehörte uns beiden und sollte nach Ablauf der zehn Jahre verkauft werden. Hier suchte ich nach einer Möglichkeit, um das zu verhindern. Die Lösung bestand für mich schließlich darin, den hinteren Teil des Grundstücks zu bebauen und dann zu verkaufen, um meinen Mann auszuzahlen. Hierfür hatte ich bereits alle Unterlagen zusammen und kümmerte mich nicht mehr um das Thema. So sah ich auch nicht, was alternativ noch möglich war. Immer wenn ich aus dem Freundeskreis darauf angesprochen wurde, winkte ich ab und meinte, ich habe schon eine Lösung. Erst als jemand ganz hartnäckig war und insistierte, fiel meine Mauer, sodass ich offen war für andere Vorschläge. Ich verzichtete auf meinen Rentenausgleich – mein Mann hätte mir von seiner Rente etwas abgeben müssen –, wir rechneten die Summe auf 20 Lebensjahre hoch und zogen dies von seinem Anteil ab. Die Restsumme verteilte er auf die Kinder, die damit bereits im Grundbuch stehen. Das Haus musste nicht verkauft werden, und ich wohne nach wie vor darin.

Wie fokussiert und eingeschränkt man durch ein Ziel sein kann, ist ganz wunderbar messbar. Was ein Rennfahrer in seinem Wagen alles wahrnimmt, beziehungsweise ausblendet, weil er sich ganz allein auf sein Ziel konzentriert, lässt sich bildlich darstellen. Da erkennt man, dass unser Gehirn in solchen Situationen nur auf Schmalspur läuft. Wir sind nicht in der Lage, Sachen miteinander zu verknüpfen, die parallel passieren. Nimmt man beim Beifahrer die gleiche Messung vor, wird deutlich, wie viel mehr dieser erkennen kann. Unser Gehirn filtert aus.

Ich spreche also nicht mehr von meinem Ziel, sondern von meinen Möglichkeiten. Das erlaubt es mir, auch andere Dinge wahrzunehmen, die sich mir anbieten.

Wenn wir etwas allein mit dem Verstand erledigen wollen, können wir nur auf bereits Erprobtes, Erfahrenes zurückgreifen. Da frei zu werden, Visionen zuzulassen, querzudenken, «verrückte Ideen» zu spinnen und nicht gleich auf Machbarkeit auszufiltern ermöglicht es, auf vielleicht noch unbekannten Pfaden zum Ziel zu kommen.

Ich setze mich auch heute noch gerne mit Menschen zusammen, die von meinem Tun gar nicht so viel verstehen. Mir die Ideen der anderen anzuhören bereichert mich sehr, auch wenn es mir manchmal schwerfällt, sie zu akzeptieren. Häufig möchte ich gleich abwinken und sagen: Das kann nicht funktionieren, weil ... Aber darum geht es am Anfang gar nicht. Der springende Punkt ist, dass unsere Gedanken mal ganz neue Wege suchen, dass wir eine Bereitschaft haben, die Dinge von einer ungewohnten Seite zu betrachten. Es ist erstaunlich, wie viel wir von dem, was so ein Austausch hervorbringt, für unseren Erfolg nutzen können.

Der fruchtbare Boden für Erfolg ist beinahe grenzenlos. Auch dort, wo wir ihn nicht erwarten, wo er bisher immer ausgeblieben ist, kann er sich einstellen. Ein ganz charmanter Gedanke, der uns hilft, Erfolg auch in solchen Fällen zu erreichen: Das, was wir tun, lieben lernen.

Auf diesen Gedanken kam ich durch einen Sportler. Es wurde berichtet, dass ein Tennisspieler bei den großen Grand-Slam-Turnieren auf allen Plätzen gesiegt hatte bis auf einen. Dort verlor er jedes Mal. Es handelte sich um den Flushing-Meadows-Park in New York – hier war es unglaublich heiß und laut. Die Flugzeuge flogen tief über das Stadion. Sein Trainer gab ihm den Rat: Erst wenn du diesen Platz lieben lernst, wirst du erfolgreich. Das habe ich auf mein Leben übertragen. Zunächst einmal musste ich erkennen, wo ich mir und meinem Erfolg selbst im Weg stand. Wo ich erst eine Schwelle überwinden musste, bevor ich überhaupt mit der Arbeit anfangen konnte.

Ich hatte beobachtet, dass ich Tätigkeiten, die ich mit Widerwillen machte, deutlich oberflächlicher erledigte, es fehlte die Gründlichkeit. Spontan fällt mir hier die Steuererklärung ein, die ich immer wieder überarbeiten musste. Jedes Jahr musste ich mich überwinden und erledigte es, in der entsprechenden Stimmung, «als notwendiges Übel». Mal fehlten die Belege, mal stimmte die Quersumme nicht, mal hatte ich andere wichtige Sachen versäumt. Ich habe es mir selbst schwergemacht. Also stellte ich mir eine Frage, die alles ändern sollte: «Okay, wenn du keine Einnahmen hättest, müsstest du keine Steuererklärung abgeben, wäre dir das lieber?» Die Antwort war eindeutig «Nein». Das legte bei mir einen

Schalter um. Ich rufe zwar auch heute nicht: «Hurra, ich darf die Steuer machen», aber ich gehe mit einem deutlich anderen Gefühl an den Schreibtisch. Ich muss keine Hürden mehr überwinden, sondern kann mich einfach hinsetzen und sagen: Okay, jetzt ist die Steuer dran. Und ja, die Ergebnisse enthalten weniger Flüchtigkeitsfehler, die Telefonate mit meiner Steuerberaterin sind entspannter geworden. Mein schlechtes Gewissen ist weg.

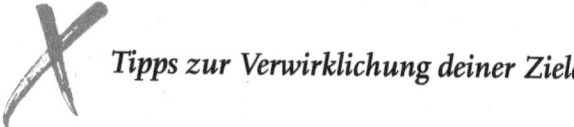 *Tipps zur Verwirklichung deiner Ziele*

*Tritt einen kleinen Schritt zurück, und schaue
auf dein Leben. Lebst du deine Vollversion – so
wie beim Auto – mit allen Extras? Ich weiß,
Kompromisse müssen phasenweise sein. Aber frage
dich dennoch immer wieder aufs Neue, ob du das
Leben lebst, das zu dir passt.*

*Stehe zu deiner Art von Erfolg. Ganz gleich,
wie du diesen leben willst, und auch, wenn deine
Definition davon gerade nicht Mainstream ist.
Nur deine Meinung zählt.*

*Wenn es bislang noch nicht das Leben ist, was du
dir erträumt hast, so suche nach den Möglichkeiten,
wie das in kleinen Schritten immer mehr gelingen
kann. Schreibe dir eine Liste der Dinge, die du gern
erreichen möchtest. Frage dich, was dich bisher daran gehindert hat oder in Zukunft hindern könnte.
Überlege dir, was du jemand anderem raten würdest,
wie sie / er diese Zweifel auflösen könnte. Beginne mit
einer kleinen Sache. Bitte auch Familie und Freunde
um Unterstützung dabei. Einfach: anfangen.*

GLÜCK

Weißt du eigentlich,
welche Fülle an Glück du in dir finden kannst?

Hier ist es nun, das Glück, das der Herzschlag aller anderen Kapitel war. Das wir eigentlich suchen, wenn wir nach Erfolg streben und unsere Ängste loswerden wollen.

Lass uns doch mal das Wort Glück definieren. Dahinter verbergen sich ja viele Bedeutungen. Wenn wir zum Beispiel einer gefährlichen Situation, einem Autounfall etwa, entkommen sind, dann verschnaufen wir und sagen: «Glück gehabt!» Das Glück, das wir anderen zuschreiben, meint aber oft etwas ganz anderes: «Der hat viel Glück gehabt im Leben.» Es klingt, als sei diese Person vom Schicksal bevorzugt worden. Wir wollen gar nicht davon ausgehen, dass vielleicht auch Neid eine Rolle spielt. Schauen wir genauer hin, dann erkennen wir, dass zu diesem «Glück gehabt» auch eine Tätigkeit gehört.

CHANCEN ERKENNEN UND ERGREIFEN

Gehen wir mal davon aus, dass Glück einfach so vom Himmel fällt und jeder irgendwann im Leben Chancen bekommt. Dann bedarf es unserer wachen Augen, unserer geschärften Sinne, um dieses Glück überhaupt wahrzunehmen. Wenn man mit sechzig Jahren glaubt, es passiert nichts mehr im Leben, dann ist die Wahrscheinlichkeit sehr gering, dass man es überhaupt bemerkt, wenn eine tolle Chance an einem vorbeifliegt. Wenn man immer schon einen Hundesalon aufmachen wollte und jetzt davon erfährt, dass da jemand einen Nachfolger sucht, dann fühlt man sich gar nicht mehr angesprochen. Vielleicht zuckt man noch die Schultern und denkt: Schade, das hätte früher kommen müssen. Es bedarf also der offenen Einstellung, dass man in den nächsten zehn Jahren noch so einen Salon führen kann. Es gilt, dieses Glück als Möglichkeit zu erkennen, anstatt es nur zu bewundern und zu bestaunen. Da ist eine Handlung nötig, um das Glück festzuhalten.

Was wären in unserem Hundesalon-Beispiel die ersten Schritte? Es könnten unverbindliche Gespräche folgen – mit dem Verkäufer, mit der Bank, falls das nötig ist. Man könnte ernsthaft überlegen, wie man sich fühlen würde, wenn man das Angebot annimmt. Diese Schritte sind noch völlig unverbindlich, es gibt keine Verpflichtung, den Hundesalon tatsächlich zu übernehmen – man prüft nur die Möglichkeiten. Daraus könnte sich ein ganz anderer Blickwinkel ergeben, der Lösungen deutlich macht, die wir vorher nicht gesehen haben. Das fühlt sich schon ganz anders an, als wenn man nur abwinkt und sagt: Der Verkäufer will bestimmt zu viel Geld. Es reicht nicht, aus der Ferne zu betrachten, was Glück für einen bedeuten könnte, und es sich dann gedanklich in die Hosentasche zu stecken, um es einfach nur mit sich herumzutragen, ohne etwas damit anzustellen. Man muss es in die Tat umsetzen: es in die Wirklichkeit holen. Glück bedarf unseres Erkennens, dass es jedem zur Verfügung steht. Viele Menschen haben ja schon aufgegeben: Das Glück trifft doch eh immer nur die anderen. Damit blockieren wir uns selbst. Verschließen dem Glück die Tür.

EIGENE BLOCKADEN AUFHEBEN

Es gibt viele mögliche Gründe, warum wir dem Glück den Riegel vorschieben: Die Angst, bei einer Sache zu versagen, lässt sie uns oftmals gar nicht erst anfangen. Auch «Was sollen die Nachbarn sagen?» ist ein Gedanke, der uns lähmt. «Du bist doch sowieso zu nichts in der Lage», ist wieder so ein schlimmer Glaubenssatz, der uns mal an den Kopf geworfen wurde und den wir uns leider zu Herzen genommen haben. Aber müssen wir das denn immer noch glauben? Nein, wir können uns auch von diesen Gedanken befreien. Dafür müssen wir sie nur erst einmal aufspüren. «Ich bin nun mal unsportlich, unmusikalisch, kann nicht rechnen» – das glauben wir ja tatsächlich. Wie lange habe ich unter meiner schlimmen Handschrift gelitten – mein Lehrer fand sie furchtbar, mein Vater und mein Ehemann auch. Ich habe schon vermieden, irgendwo öffentlich irgendeinen Satz zu schreiben. Wenn es sich nicht umgehen ließ, dann habe ich mich meistens für meine Schrift entschuldigt. Bis ich mir sagte: Auf den Inhalt kommt es an, der stimmt, also ist der Rest egal. Mittlerweile denke ich gar nicht mehr darüber nach, wenn ich nach Lesungen Bücher signiere und noch einige Gedanken dazu schreibe. Ich habe tatsächlich auch schon Komplimente für meine tolle Handschrift bekommen. Schönheit liegt eben doch im Auge des Betrachters, das wussten schon die alten Griechen.

Indem wir unseren eigenen Blockaden auf die Schliche kommen, machen wir dem Glück den Weg frei. Dem Thema Angst haben wir bereits ein ganzes Kapitel gewidmet, aber hier noch mal die Frage: Was könnte denn tatsächlich Schlimmes passieren, wenn wir versuchen, unsere Träume zu verwirklichen? Sicherlich können wir im Vorhinein nicht die ganze Tragweite abschätzen. Vielleicht ist das Betreiben eines Hundesalons anstrengender als gedacht. Oder die Kunden sind schrecklich anspruchsvoll und unfreundlich, was die Stimmung sehr trübt. Plötzlich spürt man den Druck auf der Schulter, dass die monatlichen Ausgaben wieder reinkommen müssen. Doch dann kann man den Salon theoretisch nach einem Jahr wieder verkaufen – man ist auch da nicht lebenslänglich gefangen. Wenn man das Risiko mit dem Hundesalon nicht eingehen will, könnte man vielleicht klein anfangen und den Service bei sich zu Hause anbieten. Erst einmal kostenfrei, für Hunde aus dem Freundeskreis. So erhöht man die eigene Sicherheit, und es spricht sich auch schneller herum.

UNSERE GEDANKEN STEUERN

Ob wir das Glück nicht erkennen, weil wir in eingefahrenen Denkmustern festhängen oder weil wir uns davor fürchten, Chancen zu ergreifen und unser Glück zu probieren: Mit unseren Gedanken stehen wir uns häufig selbst im Weg. Denn wir fühlen das, was wir denken. Wenn wir denken, dass unser Leben schrecklich ist, dann lösen unsere Gedanken die entsprechenden Emotionen aus. Die Hirnforschung kann so etwas mittlerweile sichtbar machen. Irgendwie haben wir es vorher ja aber auch schon gewusst. Wir schütten Glückshormone aus bei Freude und Stresshormone bei Angst und anderen negativen Gedanken. Diese beeinflussen auch unsere Gesundheit.

Glücklich lebt es sich tatsächlich länger. Der amerikanische Neurowissenschaftler Joe Dispenza kombiniert Erkenntnisse aus der Hirnforschung und Quantenphysik, um die Abläufe in unserem Körper erkennbar zu machen und diese Aussage zu beweisen. Ansätze davon sind uns vertraut: Ärger schlägt auf den Magen, anderes geht uns an die Nieren – unsere Sprichwörter geben da oft Einblicke. Unser Rücken gibt uns zu verstehen, wenn wir uns zu viel aufgeladen haben. Sicherlich können wir in vielen Krankheiten eine seelische Ursache erkennen. Dann will uns die Krankheit auf etwas hinweisen, was wir im Leben ändern sollten. Wenn wir lieber Tabletten gegen das Magengeschwür nehmen, statt den Ärger, der ihm wahrscheinlich zugrunde liegt, aus der Welt zu schaffen, mag es sein, dass es immer wiederkommt. Wir haben die Wahl.

Als ich verstand, wie viel Einfluss das, was da in meinem Oberstübchen passiert, auf meine mentale und körperliche Gesundheit hat, wollte ich unbedingt die Kontrolle darüber gewinnen. Ich habe früher gedacht, diese Gedanken sind einfach da. Ausgelöst durch die Umstände und manchmal ohne erkennbaren Zusammenhang. Ich ahnte nicht einmal ansatzweise, dass ich darauf Einfluss nehmen konnte. Sie ploppen doch ungefragt auf in meinem Kopf, dachte ich. Meine Gedanken zu steuern wurde ein richtiges Projekt. Der Auslöser war mein jahrelanger Versuch, schwanger zu werden. Als mein Mann und ich uns schließlich mit dem Thema

Adoption befassten und innerlich ja gesagt hatten, stellte ich im nächsten Monat überraschend fest, dass ich schwanger war. Bei aller Freude war ich doch erschüttert, dass ich mit meinen Gedanken Abläufe in meinem Körper verändert hatte. Ich hatte schon öfter davon gehört, ich war kein Einzelfall. Dem galt es auf die Spur zu kommen.

Erst einmal versuchte ich bewusst wahrzunehmen, was ich dachte. Stellte mir die Frage: Will ich das denken? Bringt mich das irgendwie weiter? Ich habe so viel unnützes Zeug gedacht. Habe alles Mögliche innerlich bewertet. Auch Menschen, die an mir vorübergingen, obwohl ich sie gar nicht kannte und sie keine Rolle in meinem Leben spielten. Das Gedankenkarussell war immer in Bewegung.

Wenn man seine Gedanken als Glück-Schaltzentrale verstanden hat, dann lässt man das einfach nicht mehr zu. Aber die Gedanken, die ich nicht denken wollte, weil sie mich nur runterzogen, kamen ja durch die Hintertür wieder rein, wenn ich sie vorne rausgeworfen hatte. Drei Minuten konzentriert an etwas anderes denken war hier der Schlüssel. Da kann man schon das nächste Projekt ganz intensiv planen. Ob das nun eine Geburtstagsfeier ist, ein Ausflug mit dem Sportverein oder Urlaub. Gedanklich mit den Vorbereitungen beginnen und schauen, was nehme ich da mit, was ziehe ich an, welche Schuhe sollen es werden und vieles mehr. Schon bin ich raus aus den Gedanken, die mich runtergezogen haben.

Wir verfestigen Nervenbahnen, wenn wir etwas immer wieder denken. So vertiefen wir auch beim Jammern immer weiter die leidvollen Spurrillen. Aber die können sich tatsächlich wieder zurückbilden. Wenn wir unsere Blickrichtung ändern und uns auf das Schöne im Leben konzentrieren, dann legen wir neue Gedankenverbindungen fest. Das Gute ist, dass unser Gehirn, wie die Hirnforschung bewiesen hat, alles tun wird, damit wir recht behalten. Auch Henry Ford hat schon gesagt: Egal, was du denkst, du wirst recht behalten. Wir können diesen Hebel nutzen, wenn wir einmal wissen, wie man ihn bedient. Denn auch wenn wir etwas Negatives denken, wird unser Gehirn versuchen, uns recht zu geben. Also nichts wie weg von den negativen Gedanken – sie bestimmen unsere Zukunft. Wenn ich zum Beispiel denke, das Alter ist eine ganz schreckliche Zeit, dann sieht es unser Gehirn als seine Aufgabe an, uns all das zu zeigen, was unsere Meinung unterstützt. Am Anfang müssen wir daher immer wieder darauf achten, was wir denken. Und uns zur Not sofort positive Gedanken suchen, mit denen wir die negativen Gedanken verscheuchen.

Dazu gibt es eine zauberhafte Geschichte im Internet, deren Ursprung nicht mehr auszumachen ist. Sie geht so:

Ein alter Indianer erzählt seinem Enkel am Lagerfeuer die Geschichte von zwei Wölfen, die in jedem Menschen kämpfen. Der schwarze, böse Wolf ist voller Hass, Zorn, Neid, Eifersucht, Sorgen, Schmerz, Gier, Arroganz, Selbstmitleid, Schuld, Vorurteile, Minderwertigkeitsgefühle, Lügen, falschem Stolz und falschem Ego. Der andere, weiße Wolf ist gut: In ihm ist Liebe, Freude, Friede, Hoffnung, Heiterkeit, Güte, Demut, Wohlwollen, Zuneigung, Großzügigkeit, Aufrichtigkeit, Mitgefühl und Vertrauen. Der Enkel hört fasziniert zu und denkt nach. «Welcher der beiden Wölfe wird den Kampf gewinnen?», fragt er schließlich angstvoll den Großvater. Der alte Indianer antwortet: «Der, den du fütterst.»

Wenn wir mit unseren Gedanken viel in der schmerzhaften Vergangenheit sind, füttern wir die Emotionen in uns, die unser Körper mit diesen Ereignissen verbunden hat. Wir sollten daher immer wieder ein Stoppschild hochhalten, um diese Gedanken ganz bewusst zu beenden. Man könnte damit anfangen, nicht mehr über das schmerzhafte Ereignis zu sprechen. (Wenn diese Erinnerungen mit Personen zusammenhängen, kann es auch helfen zu verzeihen. Das habe ich ausführlich in dem Kapitel «Verletzbarkeit» erklärt.) Immer wieder den Trost zu suchen, tut uns nicht gut. Es hält uns in diesem Kreislauf fest. Wenn wir ein paar Wochen nicht darüber gesprochen haben, wird es einfacher, auch nicht mehr daran zu denken. Wir merken jetzt schon schneller, wenn wir Gefahr laufen, in die negative Gedankenspirale zu geraten. Dann schnell an etwas Schönes, an etwas anderes zu denken, gelingt dann schon immer besser. Ja, wie in der Geschichte: Wenn der schwarze Wolf kein Futter mehr bekommt, wird er schwächer. So geht es auch mit unseren Gedanken.

Es ist ein wundervoller positiver Strudel, der uns die schönen Dinge zeigt, die uns umgeben, wenn wir das Leben als kostbar und einzigartig empfinden. Wir geben die Richtung vor, und schon geht's los. So einfach kann es sein, wenn wir den Hebel bei unseren Gedanken selbst in die Hand nehmen.

WIR BESTIMMEN SELBST ÜBER UNSER GLÜCK

«Glück ist eine Entscheidung» – stimmen wir dieser Aussage zu, oder machen wir andere Menschen und äußere Umstände dafür verantwortlich? Fühlen wir uns abhängig vom Wohlwollen des Chefs oder liebevollen Verhalten des Partners? Wenn wir genauer hinsehen, können wir unser Glück immer selbst in die Hand nehmen: Wir könnten kündigen oder den Partner verlassen. Es gibt natürlich immer gute Gründe, es nicht zu tun: Wir brauchen das Geld, der Anreiseweg ist so herrlich kurz, wir finden sonst nichts und wollen nicht unter den Elbbrücken schlafen. Oder wir haben gerade mit dem Partner ein Haus gekauft, die Kinder sind noch klein, und meistens ist er auch entzückend. Wenn ich die Vor- und Nachteile abgewogen habe, bin ich wieder handelnd. Ich bin kein Opfer – das ist ein ganz anderes Lebensgefühl! Mir anzusehen, was mich auf der einen Seite stört und was mich auf der anderen Seite hält, war für mich sehr wichtig. Denn die, sagen wir mal, dreißig störenden Punkte haben so ein Spektakel veranstaltet, waren so viel lauter, dass ich die siebzig schönen Pünktchen gar nicht mehr wahrgenommen habe. Es steht uns frei, die guten Seiten zu betrachten, die jede Geschichte in sich birgt. Ich entscheide, wohin ich schaue.

BRICH MIT DEN GEHEIMVERTRÄGEN

Dass mein Glück, wie auch meine Gedanken, in meinen eigenen Händen liegt, war mir nicht immer bewusst. Ich habe erst mit dreißig Jahren erkannt, dass ich Geheimverträge abgeschlossen hatte hinter dem Rücken der Menschen in meinem Umfeld. Ich habe sie für mein Glück verantwortlich gemacht und ihnen die Schuld in die Schuhe geschoben für mein Unglück. Ich war sehr traurig, als ich merkte, dass es so nicht funktioniert, dass ich stattdessen selbst die Verantwortung für mein Leben tragen muss. Irgendwie hatte ich das Muster wohl aus Kindertagen übernommen. Da waren meine Eltern und Geschwister ausschlaggebend dafür, wie es mir ging. Aber es ist ein Irrtum zu glauben, dass man dies ins Erwachsenenalter übertragen kann. Mein Umfeld übernahm nicht wie gewünscht die Verantwortung. Ja, sie haben es bedauert, wenn es mir schlechtging, und gehofft, dass ich schnell wieder die Strahlefrau sein würde, als die sie mich kannten. Aber damit haben sie keine Verantwortung übernommen. Keiner schrieb mir morgens in den Kalender, was ich für mein Glück brauche und somit an diesem Tag zu erledigen habe. Auch wenn sie durchaus liebevoll zu mir waren, ahnten sie nicht, was ich wirklich brauchte für mein Glück. Ich begriff, dass ich selbst aktiv werden musste, um glücklich zu werden. Das liest sich hier so locker, doch ich habe viele heiße Tränen vergossen, da ich mich so unverstanden fühlte. Völlig alleine auf der Welt. Ich hatte ganz andere Vorstellungen vom Leben und auch von meinem Partner gehabt. War es nicht eigentlich seine Verpflichtung, sich um mein Glück zu kümmern?

Ich hatte mir damals – so schrecklich ich es heute finde – auch nicht groß Gedanken darüber gemacht, was mein Mann für seinen Tag brauchte. Was soll ich in seinen Kalender eintragen, was er gerne machen könnte? Ich war lieb und nett zu ihm, das sollte doch reichen. Und ja, mein Mann war auch lieb und nett zu mir – aber mir reichte es nicht. Als ich das realisierte, war ich todtraurig. Wirklich unglücklich, wirklich unverstanden und allein. Wenn dann noch die Kinder nervten, die Freundin was von mir wollte (immer ich), das Wetter nicht stimmte, dann fand ich das alles schrecklich ungerecht und bedauerte mich. Ich fühlte mich als Opfer all dieser unfairen Begebenheiten.

Es war wirklich schmerzhaft zu erkennen, dass ich niemanden für mein Unglück verantwortlich machen konnte. Heute frage ich mich, warum wir so gerne jammern und uns in unserer Traurigkeit suhlen. Auch ich tat das immer wieder und hatte sogar die passende Musik dazu. Leonard Cohen, Neil Diamond waren die Einzigen, die mich verstanden. Aus meiner heutigen Sicht finde ich es unglaublich schade, dass ich mir selbst diese Zeit so vermiest habe mit meiner Opferrolle. Aber das zu erkennen geht wohl nur Schritt für Schritt.

Die Verantwortung für mein Glück zu übernehmen öffnete mir den Weg in die Freiheit. Ich musste nicht mehr warten, dass jemand vorbeikam und etwas für mein Glück tat. Ich war selbst zuständig. Heute bin ich der Meinung, diese Erkenntnis muss in den Schulunterricht. Zu viele Menschen geben dem Umfeld und den Umständen die Schuld für ihr Leid. Doch keiner kennt meine Visionen so wie ich. Keiner kann dafür die Verantwortung übernehmen. Ist ja eigentlich ganz logisch.

Kurios war für mich zu erkennen, dass meine Mitmenschen ebenso Geheimverträge mit mir abgeschlossen hatten, nach denen ich für deren Glück verantwortlich sein sollte. Die «Geheimagenten» kommunizierten miteinander, indem sie sich gegenseitig ein schlechtes Gewissen machten. «Du kannst mich doch jetzt nicht hängenlassen» oder «Ich habe schrecklich gefroren, weil du mir keine Handschuhe eingepackt hast». Es macht keinen Spaß, etwas für andere zu tun, weil die einem ein schlechtes Gewissen aufgedrückt haben.

Das war am Anfang unserer Beziehung anders. Da machte es nämlich Spaß, sich für den anderen etwas auszudenken, was ihm gefallen würde. Diese kleinen Freudeüberraschungen. Herrlich. Wir sind ja selbst in ganz anderer Stimmung, wenn es uns gutgeht. Wenn wir eigens für unser Glück gesorgt haben. Da kommt eine neue Leichtigkeit in unsere Beziehungen. Ich rede hier nicht alleine vom Partner, es geht genauso um die Eltern und Kinder, die Freunde und Kollegen. Überall lauert die Gefahr des Versuchs, dem anderen ein schlechtes Gewissen zu machen. Hier neue Wege zu gehen, mein Leben selbst in die Hand zu nehmen und Herr meiner Gedanken zu sein war ein großer Durchbruch für mich.

Wir müssen nicht alles alleine schaffen – es gibt Helfershelfer aus der Natur. Die hat sich etwas Cleveres ausgedacht: Indem wir anderen helfen, werden wir selbst glücklich. Wir sollten nicht darauf warten, dass jemand vorbeikommt und uns glücklich macht. Nein, dieser Weg ist eine Sackgasse, es funktioniert andersherum: Du überlegst, wie du andere glücklich machen kannst, und schwups macht dich das selber glücklich. Denk nur mal an die Vorfreude, die dich überkommt, wenn du deine Freundin mit einer liebevollen Idee überraschst. Oder an das wohlige Gefühl, wenn du Menschen hilfst – einfach so.

Sicherlich denken wir manchmal, dafür haben wir weder Zeit noch Geld. Aber es geht um die kleinen Gesten und nicht darum, große Geldbeträge an karitative Einrichtungen zu überweisen oder in deiner Urlaubswoche die Wohnung einer Freundin zu renovieren. Du erreichst schon viel, wenn du der gestressten Kassiererin oder dem Busfahrer ein liebes Wort sagst, einer wildfremden Person ein Kompliment machst oder dem Nachbarn einfach nur ein fröhliches «Guten Tag» zurufst. Ich bin mir sicher, damit kannst du dein Umfeld verändern. Und es strahlt ganz viel Freude zu dir zurück, die wiederum dich verändern wird. Ich nenne es «Freude wie Konfetti werfen». Es geht überall, im Büro genauso wie in der Familie oder beim Sport. Es wird dich begeistern, wie einfach es ist, auf diese Art deine Basisfröhlichkeit anzuheben. Es ist deine Entscheidung. Und du wirst sehen: Wenn du es ausprobierst, dann entsteht so ein freudiger «Suchtfaktor». Eine wundervolle Glücksspirale.

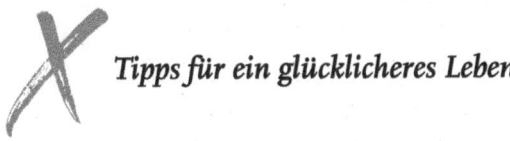 *Tipps für ein glücklicheres Leben*

Wovon träumst du schon seit langem, denkst aber,
dafür sei es nun zu spät? Was wären die ersten
Schritte, um es in die Tat umzusetzen?

Wo machst du Umstände und andere Menschen
für dein Unglück verantwortlich? Versuche, dich
davon zu befreien, denjenigen, die dir Unrecht
getan haben, zu verzeihen, und übernimm selbst
die Verantwortung für dein Glück und dein Leben.

Komm deinen Gedanken auf die Schliche. Höre
auf, über das Negative, was dich nicht loslässt,
zu sprechen. Du wirst sehen: Mit der Zeit denkst
du immer weniger daran. Das betrifft die kleinen
Ärgernisse am Tag genauso wie alte Verletzungen.
Schwere Sorgen dürfen natürlich erst einmal
besprochen werden – ja müssen es sogar.
Aber wenn nach langer Zeit das Gedankenkarus-
sell nicht aufhören will, sich zu drehen, dann hilft
es, nicht mehr darüber zu sprechen. Es heißt, wo
wir unsere Energie einbringen, da wächst es. Las-
sen wir lieber unsere positiven Gedanken wachsen.
Sie verleihen uns Flügel.

Führe dir jeden Morgen fünf Minuten lang all das Schöne vor Augen, das an diesem Tag geschehen soll.

Mache anderen eine Freude – es wird dir selbst ein Lächeln auf die Lippen zaubern.

Weißt du eigentlich, dass wir alle Grenzensprenger sind?

Oh, wie schön war unser gemeinsamer Gedankenspaziergang! Hab Hand in Hand mit dir unsere Aha-Momente genossen. Du bei dir, und ich bei mir. Wir haben erkannt: Die Grenzen gibt es nur in unserem Kopf, und da sind wir selbst Chef im Ring. Ja, lass uns Grenzen sprengen – hinter diesen Grenzen fängt die Freiheit an. Da wollen wir hin. Da können wir unsere Flügel ausbreiten und die Welt aus den Angeln heben – warum eigentlich nicht?

Du schuldest deinen Träumen noch das Leben. In kleinen Schritten – ja. Du hältst jetzt einen prall gefüllten Handwerkskoffer in der Hand. Das hilft dir neue Wege zu gehen – raus aus eingefahrenen Bahnen. Du wirst begeistert sein, was sich dir für Türen öffnen, wenn du den ersten Schritt machst. Wenn du dein Leben und dein Glück in die eigenen Hände nimmst. Denn kein anderer ist dafür zuständig, keiner kann erahnen, was gut für dich ist. So wie du heute lebst, hast du durch deine Entscheidungen und Handlungen in der Vergangenheit in Bahnen gelenkt. Heute ist der Tag, ab dem du mit deinen Entscheidungen und Handlungen deine Zukunft bestimmst. Dein Leben ist so kostbar – du bist ein Geschenk für die Welt.

Ich möchte dir Mut machen, bei dem zu bleiben, was dir entspricht. Du bist so einmalig, da wäre es schade, wenn du versuchst, jemanden anderen zu kopieren. Den gibt es ja auch schon. Du bist einzigartig und besonders.

Sei bitte gnädig mit dir – Grenzensprengen muss nicht alles an einem Tag verändern. Aber gib nicht auf. Erobere dein Leben. Es gehört dir allein.

Ich werfe dich in die Luft und fang dich wieder auf vor Freude, dass es dich gibt! Die Welt braucht Menschen wie dich – deine Art, über die Liebe zu denken, deine Art, die Welt ein kleines Stückchen besser zu machen. Du hast ein Recht, so zu sein, wie du bist. Ja, nimm dir dieses Recht.

Lass uns gerne in Kontakt bleiben – irgendwie vermisse ich dich jetzt schon. Schreibe mir gerne, wie dir das Buch gefallen hat oder wie es vielleicht sogar dein Leben verändert hat.

Bleib vergnügt – es steht dir unglaublich gut.

Alles Liebe
Greta

Du findest mich auf meiner Webseite greta-silver.de, bei Instagram, Facebook, YouTube, in meinem Podcast. Ich freu mich auf dich.

Mein Dank gilt dir, liebe Leserin/lieber Leser. Du hast mich so wunderbar begleitet bei meiner Unterhaltung mit dir. Hier schließe ich auch alle Begleiterinnen und Begleiter mit ein, die mir in den sozialen Medien so liebevoll Antwort geben auf meine Gedanken. Ihr seid so großartig und verleiht mir Flügel. Es berührt mich zutiefst, dass ich Mutmacherin in eurem Leben sein darf. Wenn es euch nicht gäbe, sähe auch meine Welt anders aus.

Von Herzen und jubelnd danken möchte ich meiner so zauberhaften Lektorin Ricarda Saul. Sie denkt wie ich. Unfassbar, so ein Geschenk des Himmels. Ich fühle mich so wunderbar verstanden – das ist nicht selbstverständlich. Ich danke ihr und dem Rowohlt Verlag mit all seinen großartigen Menschen, die das Buch mitgestalten, für das außerordentliche Engagement und grenzenlose Vertrauen. Ihr pustet dem Buch Wind unter die Flügel. Mir wird ganz schwindelig vor Glück, und ich freue mich auf alles, was da kommen wird.

Auch dir, liebe Dorle Kopetzky, und deiner Agentur «weißundblau» danke ich von Herzen für dein hochprofessionelles Engagement. Ich staune, wie du mit leichter Hand und unglaublichen Kontakten die ganze Pressearbeit für dieses Buch eintütest.

Ich bin dem Himmel aber auch tief dankbar für mein Leben, für meine Familie mit den drei wunderbaren Kindern, Partnern, Enkelkindern und ja, auch für die Freundschaft zu meinem Exmann. Ich danke euch für die Nähe und Offenheit, die wir alle leben. Unfassbar, wie sie auch jetzt meine

Begleiter sind, meine Sparringspartner und Unterstützer für neue Projekte. Auch meine liebe Freundin Hilli ist so eng mit dabei bei all meinen Gedanken und übermütigen Ideen. Ich liebe unseren Gedankenaustausch – immer verstehend, hinterfragend, immer aufbauend. Ich danke dir von Herzen für deine Offenheit, dein Sein. Auch meine Freunde Maren, Michael und Jörg dürfen nicht unerwähnt bleiben. Ich danke euch für unser so lebendiges Miteinander.

Mit euch allen ist mein Leben kunterbunt und perlt wie Champagner im Glas – ich liebe es.